北大版新一代对外汉语教材·实用汉语教程系列

新编趣味汉语阅读

刘德联　编著
董琳莉

北京大学出版社
·北京·

图书在版编目(CIP)数据

新编趣味汉语阅读 / 刘德联,董琳莉编著. —北京:北京大学出版社,2005.9
(北大版新一代对外汉语教材·实用汉语教程系列)
ISBN 978-7-301-09519-5

Ⅰ.新… Ⅱ.①刘… ②董… Ⅲ.汉语—阅读教学—对外汉语教学—教材 Ⅳ.H195.4

中国版本图书馆 CIP 数据核字(2005)第 094614 号

书　　　名:新编趣味汉语阅读
著作责任者:刘德联　董琳莉　编著
责 任 编 辑:刘　正
标 准 书 号:ISBN 978-7-301-09519-5/H·1541
出 版 发 行:北京大学出版社
地　　　址:北京市海淀区成府路 205 号　100871
网　　　址:http://www.pup.cn
电　　　话:邮购部 62752015　发行部 62750672　编辑部 62753334　出版部 62754962
电 子 邮 箱:zpup@pup.pku.edu.cn
印　刷　者:北京大学印刷厂
经　销　者:新华书店
　　　　　　787 毫米×1092 毫米　16 开本　14 印张　336 千字
　　　　　　2005 年 9 月第 1 版　2011 年 8 月第 3 次印刷
定　　　价:45.00 元(附赠 2 张 CD)

未经许可,不得以任何方式复制或抄袭本书之部分或全部内容。
版权所有,侵权必究　举报电话:010-62752024
　　　　　　　　　　　电子邮箱:fd@pup.pku.edu.cn

前 言

《新编趣味汉语阅读》是在《趣味汉语阅读》一书的基础上重新编写的。

1994年9月，我与高明明合作，编写了《趣味汉语阅读》一书，由北京大学出版社出版。当时这本书是作为外国人学习汉语的课外阅读材料编写的。我们本着"寓学于乐"的原则，选编了六十篇课文，书中既有中国古代的笑话和趣闻，也有现代的幽默与讽刺故事。语言活泼生动，通俗易懂，适合外国学生阅读，读者可在会意的微笑中提高自己的汉语阅读能力。《趣味汉语阅读》出版以来，多次重印，不仅受到学习者的欢迎，也受到诸多从事对外汉语教育的教学者的欢迎，不少学校将《趣味汉语阅读》作为课堂教学的课本使用。有不少从事对外汉语教学的教师向出版社或直接向我提出建议，认为该书具有通俗性、趣味性、生动性的显著特点，深受学生的喜爱，希望能将该书改编成对外汉语教学的课本。因我本人工作繁忙，加上高明明一直在国外工作，因此改编工作一直拖到现在。

尊重使用者的建议和出版社的要求，我与董琳莉合作，对《趣味汉语阅读》一书按课本的形式重新改编。其一，全书按类别分为十五课，对原有课文进行了增删或改写，并相应替换了部分课文的内容。其二，增加了阅读理解练习，帮助读者理解课文的内容。其三，增加了专门的词语练习，书后附练习参考答案，便于自学者使用。其四，增加了阅读知识及练习，有助于提高读者的阅读能力。最后，增加了总词汇表，方便使用者查阅。

《新编趣味汉语阅读》趣味性强，练习形式多样。既可以用作汉语阅读课的教材，在课堂上使用，同时也可供自学者选用。

为方便使用者学习，本书配有CD。

刘德联
2005年8月于北京大学

Preface

Interesting Chinese Reading New Edition is written once again on a foundation of Interesting Chinese Reading.

In the September 1994, I and Gao Mingming worked together and compiled Interesting Chinese Reading which was published by Peking University Press. The book is compiled as the supplementary reading materials for the foreign students originally. This textbook consists of sixty texts. Not only does it collect the jokes and amusing anecdotes in ancient Chinese, but it also collects humorous stories and satires in present-day. As is demonstrated in this book that "learning is entertaining", we have attempted to let our readers have some taste of Chinese culture, tradition and customs through reading the condensed, vivid and lively language. And we hope that the readers can improve their communication skill as well as improve their reading ability while they try to understand Chinese culture and learn to appreciate our sense of humor. Interesting Chinese Reading has been printed repeatedly since it was published. It is well received not only by the readers, but also by the schoolteachers who go in for Teaching Chinese as a Foreign Language. Several schools served the book as materials of the Chinese and spoken Chinese for the foreign students. Because the readings are popular, interesting, and lively, some schoolteachers suggest to the Press or to me directly and hope the book adapted to teaching materials as a foreign language. But because I was busy, and Gao Mingming has been in abroad at present, the compiling freshly is delayed till now.

In order to meet the needs of users and request of the Press, The book is revised in the form of the teaching material with the accomplishment of I and Dong Linli.

First, this textbook is divided into the fifteen parts according to the differ-

ent category. The former texts are rewritten, and relevant substitution is made to the content of the texts.

Second, the exercises about the reading comprehension are increased. And it helps the readers apprehend the texts well.

Third, adding an amount of exercises about words and expressions.

Forth, the reading knowledge and exercises are added to help to improve readers reading skills.

Fifth, in order to consult for user conveniently, adding the table for vocabulary. And the exercises answers are attached in the end of the book to help reader study independently.

The new edition keeps the character of interest and fun. And exercises added are arranged in all forms. Therefore, the book can be used as materials of Chinese reader in the class for the students, for their out-of-class activities as well as for those who learn Chinese by themselves.

To make study more convenient, the book is also accompanied by CD.

Liu Delian
September, 2005
Peking University

目 录

第一课
 一、课文阅读与理解 ………………………………………… 1
  阅读 1 凑不到一块儿 …………………………………… 1
  阅读 2 "凉快"还是"两块"? …………………………… 2
  阅读 3 它懂英语吗? ……………………………………… 4
  阅读 4 浪漫不起来 ………………………………………… 6
 二、词语训练 …………………………………………………… 9
 三、阅读知识及练习
  利用汉字的形旁猜测字义(一) …………………………… 11

第二课
 一、课文阅读与理解 ………………………………………… 14
  阅读 1 他没有看见您 ……………………………………… 14
  阅读 2 我不是老大,是老二 ……………………………… 16
  阅读 3 迟到的原因 ………………………………………… 19
  阅读 4 四舍五入 …………………………………………… 21
 二、词语训练 …………………………………………………… 23
 三、阅读知识及练习
  利用汉字的形旁猜测字义(二) …………………………… 25

第三课
 一、课文阅读与理解 ………………………………………… 27
  阅读 1 这只也二十五 ……………………………………… 27
  阅读 2 打得不好,瞎打 …………………………………… 29
  阅读 3 慢性子 ……………………………………………… 31
  阅读 4 钓鱼 ………………………………………………… 33
 二、词语训练 …………………………………………………… 35

 三、阅读知识及练习
　　利用汉字的形旁猜测字义(三) ………………………………… 37

第四课
 一、课文阅读与理解 …………………………………………… 39
　　阅读1　只缺太阳、月亮和米 ………………………………… 39
　　阅读2　为什么不早来问我？ ………………………………… 41
　　阅读3　她自己没长好 ………………………………………… 43
　　阅读4　卖锅 …………………………………………………… 45
 二、词语训练 …………………………………………………… 48
 三、阅读知识及练习
　　利用汉字的形声特点全面猜测字音字义 …………………… 50

第五课
 一、课文阅读与理解 …………………………………………… 52
　　阅读1　胡子最像 ……………………………………………… 52
　　阅读2　说跑了客人 …………………………………………… 54
　　阅读3　这次可不是我先说的 ………………………………… 55
　　阅读4　说话不吉利 …………………………………………… 58
 二、词语训练 …………………………………………………… 60
 三、阅读知识及练习
　　利用会意字的特点猜测字义 ………………………………… 62

第六课
 一、课文阅读与理解 …………………………………………… 65
　　阅读1　豆腐就是我的命 ……………………………………… 65
　　阅读2　真本事 ………………………………………………… 67
　　阅读3　不准定日子 …………………………………………… 68
　　阅读4　吃冬瓜的好处 ………………………………………… 70
 二、词语训练 …………………………………………………… 73
 三、阅读知识及练习
　　汉语词语中的前缀与后缀 …………………………………… 75

目录

第七课

一、课文阅读与理解 79
 阅读1 借牛 79
 阅读2 写文章与生孩子 80
 阅读3 郑人买鞋 82
 阅读4 懒儿子 84

二、词语训练 86

三、阅读知识及练习
 数字连用在固定格式中的特殊意义 87

第八课

一、课文阅读与理解 90
 阅读1 聪明的小明 90
 阅读2 机智的回答 91
 阅读3 贼说话 94
 阅读4 致富窍门 96

二、词语训练 98

三、阅读知识及练习
 形容词的ABB表现形式 99

第九课

一、课文阅读与理解 101
 阅读1 您有多少朋友？ 101
 阅读2 夫人是属牛的 102
 阅读3 不受贿 104
 阅读4 一钱别救 107

二、词语训练 109

三、阅读知识及练习
 正反词的特殊含义 110

第十课

一、课文阅读与理解 113
 阅读1 你是武松 113

　　　　阅读 2　模范丈夫 ……………………………………… 115
　　　　阅读 3　我家的猫也爱抓人 ………………………… 117
　　　　阅读 4　鸡蛋梦 ……………………………………… 119
　　二、词语训练 ………………………………………………… 121
　　三、阅读知识及练习
　　　　汉语中地名的简称 …………………………………… 123

第十一课
　　一、课文阅读与理解 ………………………………………… 125
　　　　阅读 1　请多多原谅 …………………………………… 125
　　　　阅读 2　在哪儿买的白菜？ …………………………… 127
　　　　阅读 3　买尸首 ………………………………………… 129
　　　　阅读 4　谁眼瞎了？ …………………………………… 131
　　二、词语训练 ………………………………………………… 133
　　三、阅读知识及练习
　　　　多音节词语的缩写及语素的提取 …………………… 135

第十二课
　　一、课文阅读与理解 ………………………………………… 137
　　　　阅读 1　不让人 ………………………………………… 137
　　　　阅读 2　不服输 ………………………………………… 139
　　　　阅读 3　嘴硬 …………………………………………… 141
　　　　阅读 4　老不死 ………………………………………… 143
　　二、词语训练 ………………………………………………… 145
　　三、阅读知识及练习
　　　　颜色词语的象征意义 ………………………………… 147

第十三课
　　一、课文阅读与理解 ………………………………………… 149
　　　　阅读 1　受伤的是我亲戚 ……………………………… 149
　　　　阅读 2　望天 …………………………………………… 151
　　　　阅读 3　和旧裤子完全一样 …………………………… 152
　　　　阅读 4　知音 …………………………………………… 154

目录

　　二、词语训练 ··· 157

　　三、阅读知识及练习
　　　　动物类词语的象征意义 ························· 158

第十四课

　　一、课文阅读与理解 ································· 161
　　　　阅读1 好好先生 ································· 161
　　　　阅读2 拉链儿 ··································· 163
　　　　阅读3 外科大夫 ································· 165
　　　　阅读4 只有一个缺点 ···························· 167

　　二、词语训练 ··· 169

　　三、阅读知识及练习
　　　　植物类词语的象征意义 ························· 171

第十五课

　　一、课文阅读与理解 ································· 173
　　　　阅读1 这次听您的 ······························· 173
　　　　阅读2 一问三不知 ······························· 175
　　　　阅读3 西红柿 ··································· 177
　　　　阅读4 你买个洗衣机不就得了？ ··············· 179

　　二、词语训练 ··· 181

　　三、阅读知识及练习
　　　　人名用做专有名词的特殊含义 ·················· 182

总词汇表 ·· 185

部分练习参考答案 ······································ 200

第一课

一、课文阅读与理解

凑不到一块儿

实习回来,老师让每个留学生写一篇五百字的实习报告。玛丽写了三天,总是写不好,就去找朋友帮忙。朋友问她:"你学过多少汉字?""大概一千多。""一千多?"朋友吃惊地说:"那你写一篇五百字的文章一定没有问题!"玛丽不好意思地回答:"我学过的汉字虽然不少,可它们总是凑不到一块儿。"

生词 New Words

1. 凑　　(动)　　còu　　　　put together
2. 实习　(名)　　shíxí　　　practice, fieldwork
3. 篇　　(量)　　piān　　　 for sheets of paper, pages, articles, etc.
4. 报告　(名)　　bàogào　　 report
5. 总(是)(副)　　zǒng(shì)　always

6. 大概	（副）	dàgài	probably
7. 吃惊		chī jīng	surprise
8. 文章	（名）	wénzhāng	article
9. 一定	（副）	yídìng	certainly

(一) 根据课文内容，判断正误：

    A. 玛丽参加了学校的实习。

    B. 玛丽学过五百多个汉字。

    C. 玛丽不会写实习报告。

    D. 朋友认为玛丽可以写出五百字的实习报告。

(二) 玛丽为什么觉得"不好意思"？

    A. 朋友夸玛丽学过的汉字很多。

    B. 玛丽觉得自己学的汉字太少了。

    C. 玛丽不会用学过的汉字写文章。

    D. 玛丽学过的汉字都忘了。

(三) 课文中玛丽说的"可它们总是凑不到一块儿"是什么意思？你在学习汉语时碰到过这方面的问题吗？

(四) 你学过多少汉字？如果你学了一千多个汉字，你能不能写出一篇五百字的文章呢？

"凉快"还是"两块"？

大卫先生到理发店去理发。理发的人很多，要排队等候。大

第 一 课

卫先生见他认识的一位中国朋友也在等着理发,就向他打招呼说:"你也来理发?"中国朋友笑着回答:"是啊!天热了,理个发凉快。"大卫先生把"凉快"听成了"两块",有点儿纳闷儿:"怎么?我每次来理发都是一块五,我的朋友为什么说是'两块'?噢!我明白了,大概是天热了,理发的人太多,所以理发的价格也提高了吧!"等大卫先生理完发,他把两块钱交给理发员,就转身走出了理发馆,还没走几步,就听后面有人喊:"等一下儿,找您钱。"大卫先生回头一看,只见理发员急匆匆跑出来,把五毛钱塞到他的手里。大卫先生奇怪地问:"不是两块吗?"理发员说:"谁说两块?我们这儿理发一直是一块五。"大卫先生望着他的中国朋友问:"你刚才不是说,天热了,理个发两块吗?"中国朋友一听笑了:"我说的是'凉快',不是'两块'!"

生 词 New Words

1. 凉快	(形)	liángkuai	nice and cool
2. 理发		lǐ fà	to have a hair cut
3. 等候	(动)	děnghòu	wait
4. 价格	(名)	jiàgé	price
5. 提高	(动)	tígāo	raise
6. 转身		zhuǎn shēn	turn round
7. 塞	(动)	sāi	put quickly

8. 一直　（副）　yìzhí　　　　always
9. 刚才　（名）　gāngcái　　　just now

阅读理解

(一) 根据课文内容,判断正误:

　　A. 中国朋友告诉大卫理一次发要两块钱。

　　B. 大卫以前来理发都是一块五。

　　C. 中国朋友说天热了,理发的人多了,所以价格提高了。

　　D. 理发员急匆匆地跑出来叫大卫,因为他给的钱不够。

(二) 理发员说"谁说两块"表示什么语气?

　　A. 表示惊奇　　　　B. 表示疑问
　　C. 表示同意　　　　D. 表示反对

(三) 大卫"有点儿纳闷儿"是说他有点儿:

　　A. 烦闷　　　　　　B. 奇怪
　　C. 生气　　　　　　D. 不好意思

(四) 为什么文章最后中国朋友听了大卫的问话笑了?

(五) 你的生活中出现过这种语言误会吗?

它懂英语吗?

　　留学生汤姆有个中国朋友,家住在农村。汤姆很想了解中国农民的生活,就利用假期到农村去看望他的朋友。他好不容易才找到朋友住的院子,刚要敲门,只见一条大黑狗猛扑过来,冲着

第一课

他"汪汪"直叫。汤姆吓坏了,连忙向后退去,一边退,一边叫着朋友的名字。他的朋友忙从屋子里出来,吆喝了一声,那条狗立刻止住了叫声,乖乖地蹲在地上。

朋友见汤姆那副狼狈不堪的样子,笑着说:"别害怕。这条狗样子凶,其实光会叫,不咬人。英语中不是有'爱叫的狗不咬人'(Barking dogs don't bite)这句谚语吗?你难道不知道?"

"我当然知道,"汤姆喘着粗气回答说,"可是你家这狗,它懂英语吗?"

 New Words

1. 利用	(动)	lìyòng	make use of
2. 看望	(动)	kànwàng	pay a visit
3. 猛	(副)	měng	abruptly
4. 扑	(动)	pū	throw oneself on
5. 吆喝	(动)	yāohe	cry out; call
6. 止住		zhǐzhù	stop
7. 乖乖地		guāiguāide	obedient
8. 蹲	(动)	dūn	squat
9. 副	(量)	fù	for facial expressions
10. 狼狈不堪		lángbèi bù kān	in an awkward position
11. 凶	(形)	xiōng	fierce

| 12. 谚语 | （名） | yànyǔ | proverb |
| 13. 喘着粗气 | | chuǎnzhe cūqì | puff and blow |

（一）根据课文内容，判断正误：

　　A. 汤姆去朋友家是为了了解农民的生活。

　　B. 汤姆找了半天才找到朋友的家。

　　C. 朋友家的狗害怕汤姆的吆喝声。

　　D. 那条狗能听懂汉语，可是听不懂英语。

（二）"狼狈不堪"是形容一个人：

　　A. 生气的样子　　　　B. 凶狠的样子

　　C. 受窘的样子　　　　D. 紧张的样子

（三）说一个人"吓坏了"是指他：

　　A. 因为害怕而受伤了

　　B. 因为受到惊吓而生病了

　　C. 吓得不知怎么办

（四）说说你对下面两句话的理解：

　　1. 他好容易才找到朋友住的院子。

　　2. 他好不容易才找到朋友住的院子。

浪漫不起来

　　阿丽是一个浪漫的姑娘。她最喜欢一个人到外地去旅行，而且决不参加旅行团。用她的话说，参加旅行团，什么活动都被人

第 一 课

家安排好了,一点儿也不浪漫。这年暑假,她又一个人旅行来到一个小城镇,中午,她来到一家看名字觉得挺浪漫的小饭馆吃饭。当她接过服务员递上来的菜单时,马上就被上面的菜名吸引住了:哇!菜的名字也很浪漫哪!她根据菜单点了三个自以为最浪漫的菜:一个"悄悄话",一

个"火辣辣的吻",一个"白马王子"。她没问服务员这些菜是用什么做出来的,因为她怕失去想像的乐趣。她希望这浪漫的菜名能给自己带来惊喜。

菜一个一个端上来了,阿丽的眼睛也越瞪越大,这次,她无论如何也浪漫不起来了。

"悄悄话":猪耳朵和猪舌头;

"火辣辣的吻":鱼唇加上红辣椒。

最让她哭笑不得的是第三道菜——"白马王子":一大盘豆腐上面,插了一张不知从哪张画报上剪下来的小帅哥儿的照片!

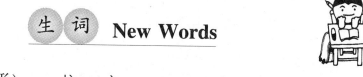

生 词　New Words

1. 浪漫	(形)	làngmàn	romantic
2. 吸引	(动)	xīyǐn	to attract
3. 自以为		zì yǐwéi	in one's own conceit
4. 悄悄话		qiāoqiāohuà	a private conversation
5. 火辣辣	(形)	huǒlàlà	burning
6. 吻	(名、动)	wěn	a kiss; to kiss

7. 白马王子		báimǎ wángzǐ	the ideal lover in young girl's mind
8. 想像	(动)	xiǎngxiàng	to imagine
9. 乐趣	(名)	lèqù	pleasure
10. 惊喜	(形)	jīngxǐ	pleasantly surprised
11. 瞪	(动)	dèng	open one's eyes wide
12. 舌头	(名)	shétou	tongue
13. 唇	(名)	chún	lip
14. 辣椒	(名)	làjiāo	red pepper
15. 帅哥儿	(名)	shuàigēr	handsome boy

阅读理解

(一) 根据课文内容，判断正误：

　　A. 阿丽觉得旅行团的旅行不浪漫。

　　B. 阿丽希望旅行活动都事先安排好。

　　C. 阿丽在服务员的推荐下点了三个最浪漫的菜。

　　D. 这三个菜给阿丽带来了惊喜。

(二) 关于这家饭馆，课文中没有提到的是：

　　A. 饭馆的名字很浪漫。

　　B. 服务员的样子很浪漫。

　　C. 菜单上的菜名很浪漫。

(三) "哭笑不得"的意思是：

　　A. 不许哭也不许笑

　　B. 不敢哭也不敢笑

　　C. 不知道该哭还是该笑

　　D. 不哭也不笑

(四) "她根据菜单点了三个自以为最浪漫的菜"中的"点"和下面哪句

话中的"点"的意思相同?

　　A. 他见人就点头,也不管认识不认识。

　　B. 我们老师每次上课都要点名,所以不能迟到。

　　C. 生日那天,朋友们为她点了一首她最喜欢听的歌曲。

　　D. 屋里点着灯,却没有一个人。

(五) 这篇课文说明了当今餐饮业中的什么现象?

二、词语训练

(一) 把下面画线的词语按词性分列在下面的表格中:

1. 老师让我们每个人写一<u>篇</u>五百字<u>的</u>作文。
2. 她们俩一<u>凑</u>到一块儿就喜欢议论别人。
3. 她<u>望</u>着我不好意思<u>地</u>笑了。
4. 服务员把两块钱<u>塞</u>到我手里。
5. 看你那<u>副</u>样子真好笑。
6. 那<u>条</u>狗乖乖地<u>蹲</u>在地上。
7. 我学<u>过</u>的汉字有五百多。
8. 女儿<u>瞪</u>着大大的眼睛问我。

量　词			
动　词			
助　词			

(二) 朗读下面的句子,注意句中画线词语的用法:

1. 我学过的汉字<u>虽然</u>不少,<u>可</u>它们总是凑不到一块儿。
2. 这条狗样子凶,<u>其实</u>光会叫,不咬人。
3. 汤姆吓坏了,连忙向后退去,<u>一边</u>退,<u>一边</u>叫着朋友的名字。
4. 英语中<u>不是</u>有'爱叫的狗不咬人'这句谚语<u>吗</u>?你难道不知道?
5. 他转身走出了理发馆,<u>还</u>没走几步,<u>就</u>听后面有人喊:"等一下儿,找您钱。"

6. 菜一个一个端上来了,阿丽的眼睛也越瞪越大。

(三) 选择适当的词语填空:

  吃惊 浪漫 不好意思 乐趣 安排

  想像 利用 吆喝   提高 吸引

1. 这部电影富有( )的色彩。

2. 今年这个工厂的产品数量和质量都( )了不少。

3. 公园里的游人都被那美妙的歌声( )过去了。

4. 听说他得心脏病死了,大家都很( )。

5. 小姑娘听了这些赞扬话,低下头( )地笑了。

6. 他正在( )着那两匹躺着的枣红马。

7. 他并没有见过这种动物,他是根据自己的( )画出来的。

8. 做这样的工作没什么( ),不过挣钱不少。

9. 大家对旅行路线的( )十分满意。

10. 他们充分( )着这里的自然条件。

(四) 选词填空:

  A. 帮助 B. 帮忙

1. 他过去( )过我,我一辈子也忘不了。

2. 他盖房子的时候,村里的人都来给他( )。

3. 自从小明生病以后,张老师几乎每天都去( )他复习功课。

4. 这个周末没有时间,朋友结婚,我得去给朋友( )。

  A. 参加 B. 参观

5. 外宾( )了本市的学校、工厂和农村。

6. 我想( )全市的马拉松比赛。

7. 毕业班的同学都( )毕业典礼去了。

8. 恐龙博物馆开馆的第一天,( )的人很早就排起了长队。

  A. 乐趣 B. 兴趣

9. 我对上网一点儿不感( ),尽管朋友们都很着迷。

第 一 课

10. 你没有孩子,怎么能体会到这种家庭游戏的( )!
11. 不爱读书的人享受不到读书的( )。
12. 哥哥对现代文学产生了浓厚的( )。

　　　　A. 了解　　B. 理解

13. 一篇文章,多读几遍,就能( )得深刻些。
14. 外出期间,千万不能随便托付不( )的人照看行李。
15. 客人们想去学校( )一下学生们的学习和生活现状。
16. 有些年轻人,不( )父母的良苦用心。

(五) 连词成句(有的可以连成不同的句子):

1. 报告　留学生　一篇　的　老师　写　实习　每个　让　五百字

　　_____。

2. 最　旅行　到　她　外地　一个人　去　喜欢

　　_____。

3. 她　这　惊喜　浪漫　希望　自己　菜名　能　给　带来的

　　_____。

4. 才　朋友　院子　他　住的　找到　好不容易

　　_____。

5. 想　农民　很　中国　的　汤姆　生活　了解

　　_____。

6. 来　理发　都　一块五　我　是　每次

　　_____。

三、阅读知识及练习

利用汉字的形旁猜测字义(一)

　　在汉字中,有80%以上是形声字,也就是说,汉字大多是由"形"和"声"两部分组成。其中一部分是形旁,和全字的意义有关;另一部分是声旁,和

全字的读音有关。尽管随着汉字的简化,一些形声字已经看不出原有的形声特点了,但是大多数汉字还都保留着形声字的特点。掌握这一特点,对我们认识汉字是大有好处的。

下面是一些出现频率较高的形旁,这些形旁组成的汉字多与自然现象有关:

形旁	名称	相关事物	例字
氵	三点水	和水、液体及人与水的相关行为等相关	江、河、海、湖、溪、油、酒、汗、汤、泪、洗、流、游、泳、泡
木	木字旁	和树木、树上结的水果及木制物品等相关	柳、松、槐、杨、柏、桃、杏、李、梨、柑、柱、桌、柜、椅、桥
火	火字旁	和火、人对火的感受、烹调及与火有关的物品等相关	燃、熄、灿、烫、灾、炒、烤、烧、炸、烩、灯、炉、烛、烟、煤
钅	金字旁	和金属、金属制品等相关	钢、铁、铜、银、锡、锅、锁、铃、钉、针
土	提土旁	和土及土建有关	地、场、坡、块、埋、墓、城、塔、墙、坟
石	石字旁	和石头或石制品有关	砂、砖、硬、碑、磨、矿、砚、碗、碟、礁
艹	草字头	和花草蔬菜等有关	花、苗、草、药、菊、菜、芹、茄、菠、葱
竹	竹字头	和竹子或竹制品有关	筐、筒、管、箭、篮、笔、笛、筷、箱、签
雨	雨字头	和下雨等天气现象有关	雪、雷、电、雾、霄、霜、霞、露、霁、霉
鸟	鸟字旁	和鸟类动物有关	鸡、鸦、鸭、鸽、鹅、鹊、鹏、鹤、鹰、鹂
犭	反犬旁	和犬类爬行动物有关	狗、狮、狼、猪、猴、猿、猫、猩、狸、狐
虫	虫字旁	和虫类动物有关	蚊、蛾、蝇、蝶、蝉、蚕、蜂、螨、蝗、蛔
鱼	鱼字旁	和鱼类动物有关	鱿、鲤、鲨、鲫、鲸、鳝、鳞、鲈、鲜、鲑

第一课

练习 Exercises

(一) 写出你学过的其他带有以上形旁的汉字。

(二) 选择适当的汉字填空：

油　笛　柚

1. (　)子的味道和橘子差不多。

2. 做汤时,可以往汤里滴几滴香(　)。

3. 爸爸给我买了一支竹(　)。

砂　钞　炒

4. 这里一刮大风,就飞(　)走石,无法出门。

5. 我喜欢吃妈妈(　)的菜。

6. 在这里买东西可以用美(　),也可以用人民币。

梅　海　霉

7. 下了一个星期的雨,屋子里的家具都发(　)了。

8. 我喜欢(　)花,因为它很有性格。

9. 这孩子是在(　)边长大的。

破　坡　波

10. 孩子的头被石头砸(　)了。

11. 海上一起风,立刻(　)涛汹涌。

12. 前面有一个土(　),我骑自行车上不去。

蛔　鲴　茴

13. 这孩子肚子里一定有(　)虫,带他去医院检查一下吧。

14. (　)香是一种蔬菜,北方人很喜欢用它做饺子馅儿。

15. (　)鱼虽然贵一点儿,可是味道鲜美。

鹊　猎　蜡

16. 蜂(　)是蜜蜂身上所产生的油质。

17. 喜(　)和乌鸦都是黑色的鸟,可是人们喜欢前者,不喜欢后者。

18. 再厉害的老虎也害怕(　)人。

第二课

一、课文阅读与理解

阅 读 1

他没有看见您

一位老师在学生读课文的时候睡着了,一会儿又被学生乱哄哄的议论声吵醒,他不好意思地为自己辩解说:"你们都知道孔夫子吧?他见我教书教得好,就请我梦中和他相见,见面的时候,他还夸了我几句呢!"

第二天,有个调皮的学生也在课堂上睡着了。老师很生气,把他叫醒,批评他说:"你怎么在上课的时候睡觉呢?"那个学生回答说:"我也想在梦里和孔夫子见见面。"老师气得一拍桌子:"像你这样不用功的学生,孔夫子怎么会见你!"学生忙争辩说:"我真的见到孔夫子了,他老人家还和我说了句话呢!""他说什么?""他说,昨天他没有看见您。"

生 词 New Words

1. 乱哄哄　　(形)　　luànhōnghōng　in noisy disorder

2. 议论	（动）	yìlùn	comment; discuss
3. 辩解	（动）	biànjiě	providing an explanation
4. 梦	（名）	mèng	dream
5. 相见	（动）	xiāngjiàn	meet
6. 调皮	（形）	tiáopí	naughty
7. 课堂	（名）	kètáng	classroom
8. 批评	（动）	pīpíng	criticize
9. 拍	（动）	pāi	to pat
10. 用功	（动）	yònggōng	study hard
11. 争辩	（动）	zhēngbiàn	argue

注 释

1. 孔(Kǒng)夫子

对孔子的尊称。孔子是中国春秋时期著名思想家、政治家、教育家。他晚年致力于教育,他的教育思想在中国影响很大。中国历代统治者都把他尊为"圣人"。

"孔夫子"is a respectful form of address to Confucius in ancient time. Confucius was the famous thinker, politician and educationist in the Spring and Autumn Period of China. He devoted himself to education in his late years and his ideology in education has great influence over China. In the dynasties of past ages, he was called"the saint"by the rulers.

2. (他)老人家

"老人家"用在"你"、"他"等代词后面,是对人的尊称。

"老人家" is put after personal pronouns such as"你、他"to show respect

 阅 读 理 解

（一）老师解释自己的"梦"时，没有提到下面哪方面的内容？

  A. 孔子请这位老师梦中相见。

  B. 孔子认为这位老师教书教得很好。

  C. 孔子觉得老师教书非常辛苦。

  D. 孔子夸了这位老师几句。

（二）课文中那个"在课堂上睡着了"的学生，是怎么解释他睡觉的原因的？

  A. 不喜欢学习

  B. 也想和孔子见面

  C. 班里乱哄哄的，没法学习

  D. 和老师开个玩笑

（三）老师"被学生乱哄哄的议论声吵醒"，学生可能在议论什么？

（四）学生说"昨天孔夫子没有看见老师"的意思是什么？

 阅读 2

我不是老大，是老二

  老张的二小子小刚，已经是小学四年级学生了，可还不知道用功，上课常常不听讲，课后也不完成作业，学习成绩一直很差。一天放学后，老师又把他留下了，苦口婆心地教育他说："小刚，你都十岁了，该懂

事了。你看你哥哥,学习多好,每年都被班里评为三好学生。可你呢,这次考试又不及格,这样下去怎么行呢?我们上学期学过两句古诗:'少壮不努力,老大徒伤悲',这两句古诗的意思你还记得吗?"小刚小声地回答:"当然记得了,可我在家不是老大,是老二呀!"

生词 New Words

1. 二小子　　　　　èr xiǎozi　　　　the second son
2. 听讲　　　　　　tīng jiǎng　　　　attend a lecture; attend to a teacher
3. 差　　（形）　　chà　　　　　　　poor ; not up to standard
4. 放学　　　　　　fàng xué　　　　　school lets out
5. 评　　（动）　　píng　　　　　　　be elected
6. 及格　　　　　　jígé　　　　　　　pass a test
7. 古诗　　　　　　gǔshī　　　　　　classical poem
8. 少壮　　　　　　shàozhuàng　　　　young
9. 徒　　（副）　　tú　　　　　　　　to no avail
10. 伤悲　（形）　　shāngbēi　　　　　sad

注释

1. 三好学生

"三好"指的是"身体好、学习好、品行好",在中国小学、中学及部分大学里,每到学期或学年结束的时候,都进行"三好学生"的评选活动。

student-of-three-excellent-qualities "Three excellent qualities" refer to being excellent in health, in academic study and in morality. In China, primary schools, high schools as well as some universities choose students-of-three-excellent-qualities through public appraisal at the end of each semester or at

the end of each academic year.

2. 老大

"老大"有两种意思,一是指年长,二是指家中第一个孩子。

The phrase has two meanings.One refers to old age,the other refers to the eldest child in a family.

3. "少壮不努力,老大徒伤悲"

这是汉乐府诗《长歌行》的最后两句,意思是人在年轻时如果不努力,到年老时后悔伤心也没有用了。

If one doesn't exert oneself in youth,one will regret it in old age.These are the last two lines from a ballad in Han Dynasty,meaning that there is no use regretting it in old age since he doesn't expert himself in youth.

阅 读 理 解

(一) 根据课文内容,判断正误:

    A. 小刚学习不努力。

    B. 小刚的哥哥是一个三好学生。

    C. 文中的两句古诗是小刚刚刚学过的。

    D. 小刚考试不及格已经不是第一次了。

(二) 小刚考试不及格的原因,课文中没有提到的是:

    A. 上课不听讲

    B. 不知道用功

    C. 不在乎成绩好不好

    D. 课后不完成作业

(三) "苦口婆心"的意思是:

    A. 认真地、态度严厉地

    B. 好心而且耐心地、一再地

    C. 生气地、不耐烦地

D. 像老婆婆一样地

（四）小刚对"少壮不努力,老大徒伤悲"这两句古诗的解释对吗？如果不对,指出错在哪里？

迟到的原因

一天中午,四个男孩子吃过午饭,结伴去学校,路上遇见了交通事故,他们只顾看热闹,忘记了下午上课的时间，结果迟到了。

"说说你们迟到的原因吧,"老师严肃地对他们说,"不把迟到的原因讲清楚,就不能坐到自己的座位上去。"

第一个学生忙说:"我中午坐车去商店,回来时遇上堵车,我在车上下不来,结果迟到了。"第二个学生紧接着说:"我中午出门时,看见邻居的两个孩子在打架,我给他们劝架,结果耽误了上课的时间。"第三个学生赶紧抢着说:"刚才马路上发生了交通事故，一位老大娘被车撞倒了,我帮着把老大娘送到医院,这才想起下午上课的时间已经过了。"第四个学生什么也没说,低下头哭了。

"你哭什么？"老师奇怪地问。

这个学生委屈地说:"他们把我在心里编好的话都抢先说了,我实在没有理由可编了。"

 生 词 New Words

1. 结伴		jié bàn	form a group (for travel, etc.)
2. 交通事故		jiāotōng shìgù	traffic accident
3. 顾	（动）	gù	give thought to
4. 严肃	（形）	yánsù	serious
5. 堵车		dǔ chē	traffic jam
6. 紧接着		jǐnjiēzhe	right after
7. 打架		dǎ jià	fight
8. 劝架		quàn jià	try to stop people from fighting each other
9. 耽误	（动）	dānwù	delay
10. 抢	（动）	qiǎng	vie for
11. 撞	（动）	zhuàng	be knocked (down)
12. 委屈	（形）	wěiqu	feel wronged
13. 编	（动）	biān	make up
14. 抢先		qiǎng xiān	try to be the first to do sth.
15. 理由	（名）	lǐyóu	reason

  阅 读 理 解

（一）根据课文内容，判断正误：

A. 四个学生因为遇见交通事故所以迟到了。

B. 老师要求四个学生说出自己迟到的理由。

C. 四个学生都说出了自己迟到的理由。

D. 第四个学生是不会说谎的孩子。

第二课

（二）"看热闹"在这里指的是：

　　A. 看马路两边热闹的商店

　　B. 看来来往往的车

　　C. 看横过马路的行人

　　D. 看所发生的交通事故

（三）第四个学生哭是因为：

　　A. 迟到了，觉得不好意思

　　B. 害怕老师批评

　　C. 说不出合理的理由了

　　D. 不想对老师撒谎

（四）这四个学生迟到的真正原因是什么？

（五）你有没有因为害怕老师批评而编造理由的经历？编造过什么理由？

阅读 4

四舍五入

贝贝放学以后，急急忙忙跑回家，一进门，就大声地问妈妈："妈！我爸呢？"妈妈回答说："爸爸上班还没回来。看你满头大汗，有什么急事找你爸爸？""我跟爸爸要钱。""要钱干什么？"妈妈奇怪地问。贝贝兴冲冲地说："今天早上出门的时候，我告

诉爸爸今天有数学考试,爸爸对我说:好好考,要是考一百分,奖励一百块钱。我问爸爸:要是考九十九分呢?爸爸说:那就要扣掉一块喽!"妈妈说:"既然是你爸爸答应你的,妈妈就替爸爸给吧。"说着,从兜里掏出钱包,问:"你是要一百呢?还是要……"贝贝不好意思地说:"您给我六十就行了。""怎么?你不会只考了六十分吧?"妈妈很吃惊。这下儿贝贝更觉得难为情了:"其实,连六十分都不到,我只考了五十八分。"妈妈生气地说:"考试不及格,怎么还好意思要六十块钱?"贝贝低声辩解说:"我们昨天数学课上学了四舍五入,五十八四舍五入以后就是六十了。"

生词 New Words

1. 急急忙忙		jíjímángmáng	hurried; hasty
2. 满头大汗		mǎntóu dàhàn	was covered in sweat
3. 兴冲冲	(形)	xìngchōngchōng	gleefully
4. 数学	(名)	shùxué	mathematics
5. 奖励	(动)	jiǎnglì	encourage with honors or material rewards
6. 扣	(动)	kòu	to deduct
7. 替	(介)	tì	indicate the object of a replacement
8. 兜	(名)	dōu	pocket
9. 掏	(动)	tāo	draw out; pull out
10. 难为情	(形)	nánwéiqíng	ashamed of
11. 其实	(副)	qíshí	actually; in fact

第 二 课

阅 读 理 解

(一) 关于贝贝,下面哪句话不符合原文?

    A. 贝贝今天有数学考试。

    B. 贝贝考得不好,觉得有些难为情。

    C. 贝贝只考了五十八分,却跟妈妈要六十块钱。

    D. 贝贝今天学了四舍五入的计算方法。

(二) 关于贝贝的父母,课文中没有谈到下面的哪些内容?

    A. 爸爸答应如果贝贝考得好就用钱来奖励她。

    B. 妈妈替爸爸拿出钱来"奖励"贝贝。

    C. 妈妈不同意爸爸的奖励方法。

    D. 妈妈对贝贝的考试成绩很不满意。

(三) 你在买东西的时候,遇到过"四舍五入"这样的问题吗?你认为合理吗?

(四) 你认为父母该不该用钱来鼓励孩子学习?

二、词语训练

(一) 把下面画线的词语按词性分列在下面的表格中:

  1. 老师对这个<u>调皮</u>的学生一点办法也没有。

  2. 这件事就是你的错,你就不要<u>辩解</u>了。

  3. 你批评错了,他当然觉得自己很<u>委屈</u>。

  4. 开会时应该<u>严肃</u>一点,不要开玩笑。

  5. 早点儿走吧,别<u>耽误</u>了考试。

  6. 我们这次表演得很成功,学院<u>奖励</u>我们一盒巧克力。

  7. 有什么想说的话你就说出来,用不着<u>难为情</u>。

形容词				
动　词				

(二) 注意句中画线词语的用法,并模仿造句:

1. <u>像</u>你这样不用功的学生,孔夫子怎么会见你!

2. 记得是记得,<u>可</u>我在家不是老大,是老二呀!

3. <u>不</u>把迟到的原因讲清楚,<u>就</u>不能坐到自己的座位上去。

4. 我中午坐车去商店,回来时遇上堵车,我在车上下不来,<u>结果</u>迟到了。

5. 第四个学生什么<u>也</u>没说,低下头哭了。

6. 他们把我在心里编好的话<u>都</u>抢先说了,我<u>实在没有</u>理由可编了。

(三) 选择适当的词语填空:

争辩　耽误　委屈　苦口婆心
赶紧　实在　理由　评

1. 这么好的学习条件,我们没有(　　)不努力学习。

2. 老师的批评让小惠心里觉得很(　　)。

3. 请指导老师为他的演唱(　　)分。

4. 你欺骗自己的父母,(　　)是太不应该了。

5. 客人一进门,他俩(　　)走上前去迎接。

6. 我没有时间和你(　　)。

7. 我和弟弟闹矛盾时,母亲总是(　　)地劝导。

8. 有病就得吃药,不能(　　)。

(四) 选词填空:

1. 这个学生的学习成绩一直很_____。　　(错、差)

2. 市领导_____地批评了我们的错误。　　(严肃、严格)

3. 因为她不会做饭就要和她离婚?这算什么_____?
(理由、原因)

4. 有什么意见在会上提,不要在下面_____。　　(谈论、议论)

5. 上课要_____听老师讲课,不要打手机。　　(用心、用功)

6. 我们大家都要做一个_____的毕业生。　　(及格、合格)

7. 他说我们抄别人的作业,_____他的作业也是抄的。
(其实、实在)

第二课

(五) 连词成句(有的可以连成不同的句子):

1. 课文 一位 在 学生 读 睡着 老师 了 的时候

   _____。

2. 梦里 也 孔夫子 在 我 见见面 和 想

   _____。

3. 评为 每年 哥哥 都 你 被 三好学生 班里

   _____。

4. 你爸爸 有 找 急事 什么 你

   _____。

5. 六十块 怎么 钱 要 好意思 还 你

   _____？

6. 在 我 看见 的 打架 两个孩子 邻居

   _____。

三、阅读知识及练习

利用汉字的形旁猜测字义（二）

在上一讲中,我们介绍了一些出现频率较高的形旁。在这一讲中,我们再介绍一些形旁,这些形旁组成的汉字多与人或人的行为动作有关：

形旁	名称	相关事物	例 字
亻	单人旁	和人或人的动作有关	你、他、伯、体、侣、伸、付、休、伤、伏
目	目字旁	和眼睛或眼部动作有关	眼、睛、瞎、盲、睡、看、眨、瞪、睁、瞧
月	肉月旁	和人体部位有关	脖、脸、腿、脚、肚、胖、膀、腕、肘、脾
扌	提手旁	和人或人的动作有关	提、拉、扔、打、抬、拍、扫、抱、抓、捡
讠	言字旁	和人的言语有关	词、语、话、课、访、说、谈、讲、读、论
口	口字旁	和嘴、嘴部动作或语气词、感叹词、象声词有关	嘴、吃、吸、吹、吻、咬、喊、喝、吗、吧、呀、呢、啊、哇、哈、啦、喂、呵、呼、咕
辶	走之儿	和人的行走有关	过、送、进、运、迎、追、逃、退、逛、遇
忄	竖心旁	和情感或心理活动有关	恨、情、怀、忆、怕、怪、悔、悦、愧、懂
心	心字底	和情感或心理活动有关	忍、忘、思、想、意、悲、恋、急、怒、恶

续表

足	足字旁	和足部及腿脚的动作有关	趾、跛、跑、跟、跪、跳、踢、踩、蹦、蹲
女	女字旁	和女性有关	奶、她、妇、妈、妹、妻、姐、姑、姥、姨、娘、娶、婆、嫁、嫂

 练习 Exercises

(一) 写出你学过的其他带有以上形旁的汉字。

(二) 选择适当的汉字填空：

晴 请 情

1. 他说他( )我去吃火锅。
2. 看样子她今天的心( )挺不错的。
3. 看书写字要注意保护眼( )。

挑 逃 跳

4. 这么宽的沟我可( )不过去。
5. 那个小偷已经( )走了。
6. 这里有三件礼物，你可以( )一件。

伴 拌 胖

7. 你现在越来越( )，该注意减肥了。
8. 我希望能作你的终身( )侣。
9. 把这些调料放进肉馅儿里( )一下，饺子馅儿就做好了。

姑 咕 苦

10. 她是你爸爸的姐姐，你应该叫她大( )。
11. 这菜怎么那么( )哇？
12. 鸽子( )( )地叫着。

肿 忠 仲

13. 他们俩的水平差不多，不分伯( )。
14. 你看，我的脚都( )了。
15. 他为你工作多年，( )心耿耿，你不应该炒他的鱿鱼。

26

第三课

一、课文阅读与理解

 阅读 1

这只也二十五

老王平时说话不紧不慢,很喜欢开玩笑。有一次,他到朋友家去做客,朋友见他穿的鞋和自己儿子的那双一模一样,就问他:"你这鞋是多少钱买的?"老王不慌不忙地抬起左脚,说:"这鞋二十五。"朋友一听就急了:"我儿子买的鞋和你这双牌子完全一样,怎么商店要了五十块钱呢?"老王微微一笑,慢吞吞地说:"我的话还没说完呢!"说着,他又慢慢抬起右脚:"这只也二十五。"

生 词 New Words

1. 平时　　　(名)　píngshí　　　ordinary times
2. 不紧不慢　　　　bùjǐn búmàn　neither too fast nor too slow; unhurriedly
3. 做客　　　　　　zuò kè　　　　be a guest
4. 一模一样　　　　yìmú yíyàng　exactly the same

5. 不慌不忙　　　　　　　bùhuāng bùmáng　unhurriedly

6. 抬　　　　（动）　　　tái　　　　　　lift

7. 急　　　　（形）　　　jí　　　　　　　annoyed

8. 牌子　　　（名）　　　páizi　　　　　brand

9. 完全　　　（副）　　　wánquán　　　　completely

10. 微微一笑　　　　　　 wēiwēi yí xiào　smile faintly

11. 慢吞吞　　（形）　　　màntūntūn　　　slowly

（一）根据这篇课文，看看下面哪句话是不对的：

　　A. 老王爱开玩笑。

　　B. 老王性格有点儿急。

　　C. 老王是个慢性子。

（二）关于鞋子，课文没有提到什么？

　　A. 老王和朋友的儿子买鞋都花了五十块钱。

　　B. 老王和朋友儿子买的鞋是同一个牌子的。

　　C. 老王和朋友儿子的鞋是在同一家商店买的。

（三）"老王平时说话不紧不慢"中的"不紧不慢"是什么意思？

　　A. 说话不紧张，速度也不慢。

　　B. 说话谦虚，不傲慢。

　　C. 说话不着急，速度不快也不慢。

　　D. 说话不流利，语速很慢。

第三课

打得不好，瞎打

赵先生说话很谦虚，别人夸他的时候，他总要谦虚地说上两句。别人夸他字写得好，他听了忙说："写得不好，瞎写！"别人夸他画儿画得不错，他也谦虚地摇摇头说："画得不好，瞎画！"这种客气话几乎成了他的口头语。

有一次，赵先生坐火车到外地出差。夜里睡觉的时候，他打起了呼噜。他打呼噜的声音很大，吵得周围的人都没睡好觉。第二天早上，同车的旅客见他睡醒了，抱怨他说："你夜里的呼噜打得真响！"他听了，习惯地客气道："打得不好，瞎打！"

 生词 New Words

1. 谦虚	（形）	qiānxū	modest
2. 夸	（动）	kuā	praise
3. 摇	（动）	yáo	shake
4. 客气话		kèqihuà	words of courtesy
5. 几乎	（副）	jīhū	nearly
6. 口头语		kǒutóuyǔ	pet phrase

7. 外地	（名）	wàidì	other city
8. 出差		chū chāi	go on a business strip
9. 打呼噜		dǎ hūlu	snore
10. 吵	（动）	chǎo	make a noise; disturb
11. 周围	（名）	zhōuwéi	around
12. 旅客	（名）	lǚkè	passenger; traveler
13. 抱怨	（动）	bàoyuàn	complain

（一）根据课文内容，判断正误：

　　A. 别人夸赵先生的时候，他总会说一些客气话。

　　B. 别人夸赵先生的时候，他的回答不太礼貌。

　　C. 同车的旅客夸赵先生呼噜打得响。

　　D. 因为打呼噜，赵先生一夜没睡好觉。

（二）"写得不好，瞎写"中的"瞎"的意思应该是：

　　A. 眼睛看不见

　　B. 没有目的地

　　C. 胡乱地、随便地

　　D. 没有效果地

（三）课文中"习惯地客气道"中的"道"和下面哪句话中的"道"的意思相近？

　　A. 你的自行车怎么上了人行道？

　　B. 他抓住我的手拼命地向我道谢。

　　C. 你的申请表上还差一道手续。

　　D. 我第一次听见山间的林涛声，只道外面下雨了。

（四）在别人夸你的时候，你会说些什么？举例说明。

第 三 课

阅读 3

慢性子

老高是个慢性子。一个寒冷的夜晚,他跟他的朋友围着火炉取暖。朋友离火炉太近,没留神,衣角贴在火炉上,被火烧着了,可他竟没有发觉。老高见了,慢条斯理地对朋友说:"有一件事,我已经看见半天了,很想告诉你,又怕

你着急;可要是不告诉你,你受到的损失会更大。你说,我该不该告诉你呢?"朋友见他啰嗦个没完,便性急地问他到底发生了什么事,老高不慌不忙地说:"我说出来,你可千万不要着急呀!"说着,慢慢抬起胳膊,指着朋友的衣角说:"你的衣服被火烧着了。"朋友大吃一惊,急忙提起衣角,把火扑灭,然后生气地埋怨老高:"你既然看见半天了,为什么不早点儿告诉我?"老高"嘿嘿"一笑,不紧不慢地说:"我刚才就是怕你着急才没敢告诉你,你看,我一说你就急了吧。"

 生 词 New Words

1. 慢性子　　　　mànxìngzi　　　slow-tempered

2. 寒冷	（形）	hánlěng	icy cold
3. 火炉	（名）	huǒlú	stove
4. 取暖		qǔ nuǎn	keep warm
5. 衣角	（名）	yījiǎo	hem of a piece of clothing
6. 贴	（动）	tiē	stick
7. 竟	（副）	jìng	unexpectedly
8. 慢条斯理		màntiáosīlǐ	unhurried and unperturbed
9. 损失	（动）	sǔnshī	damage
10. 啰嗦	（动）	luōsuo	be verbose;be long-winded
11. 性急	（形）	xìngjí	impatient; short-tempered
12. 千万	（副）	qiānwàn	be sure to; must
13. 大吃一惊		dàchīyìjīng	greatly surprised
14. 扑灭		pūmiè	put out
15. 敢	（助动）	gǎn	dare

阅 读 理 解

（一）根据课文内容，判断正误：

A. 老高是个爱开玩笑的人。

B. 朋友没有发现自己的衣服被火烧着了。

C. 老高发现朋友的衣角被火烧着了却不告诉他。

D. 老高帮朋友把火扑灭。

（二）下面哪句话是符合课文内容的？

A. 老高做事从来不着急。

B. 老高被朋友衣角上的火吓坏了。

C. 老高不告诉朋友是怕朋友生气。

D. 朋友对老高很感激。

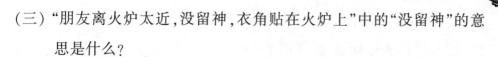

(三)"朋友离火炉太近,没留神,衣角贴在火炉上"中的"没留神"的意思是什么?

  A. 没有发现   B. 没想到

  C. 不小心   D. 精神不集中

(四) 在你的生活中见到过这种慢性子的人吗?说说他的故事。

钓 鱼

  从前,有个急性子,干什么事都没有耐心。有一次,他的老婆在他面前夸他们的邻居:"你看看人家老张,每个星期天都去钓鱼,一钓就是好几条,连下酒菜都不用买了。你就没有人家这本事。"他一听就急了:"什么?我没本事?钓鱼谁不会?我这就去钓几条给你看看!"说着,直奔商店买了鱼竿,真的去钓鱼了。钓鱼的时候,别人都安静地等着鱼上钩,可他呢,瞪着眼睛去找鱼,一有点儿风吹草动,就急忙收竿,结果钓了半天,一条也没钓上来。他急了,见不远的地方有几条鱼在游动,干脆扔下鱼竿,跳进河里去捉鱼,把鱼都吓跑了。天黑了,急性子一无所获,垂头丧气地扛着鱼竿回家来。路过市场时,他见有卖活鱼的,灵机一动,就买了几条,回家后就说是自己钓的。他的老婆喜出望外:"你还真行啊!第一次去钓鱼就

钓这么多,起码有二斤!"急性子一听就火儿了:"什么?二斤?这鱼是三斤八两,我看着称的!"

生 词 New Words

1. 钓(鱼)		diào (yú)	go fishing
2. 急性子		jíxìngzi	short-tempered
3. 下酒菜		xiàjiǔ cài	some dishes that go well with wine
4. 直奔	(动)	zhíbèn	go directly
5. 鱼竿	(名)	yúgān	fishing rod
6. 上钩		shàng gōu	swallow the bait
7. 风吹草动		fēngchuī cǎodòng	the rustle of leaves in the wind—a sign of disturbance or trouble
8. 游动	(动)	yóudòng	swim
9. 干脆	(副)	gāncuì	simply, just
10. 捉	(动)	zhuō	catch
11. 一无所获		yīwúsuǒhuò	get nothing
12. 垂头丧气		chuítóu sàngqì	in low spirit
13. 扛	(动)	káng	carry on the shoulder
14. 起码	(形)	qǐmǎ	at least
15. 火儿	(动)	huǒr	get angry
16. 称	(动)	chēng	weigh

(一) 根据课文内容,判断正误:

A. 老张是个急性子。

B. 急性子每个星期天都去钓鱼。

C. 急性子第一次钓鱼就钓上来好几条。

D. 急性子的老婆见他带着鱼回来非常高兴。

E. 为了让老婆高兴,急性子在市场买了几条鱼。

(二) 下面哪句话不符合课文原意?

A. 急性子干什么事都没有耐心。

B. 张师傅和急性子是同事。

C. 急性子钓鱼钓到了天黑。

D. 急性子在市场上买了几条活鱼。

(三) "你就没有人家这本事"中的"本事"指的是什么?

(四) "他的老婆喜出望外"中的"喜出望外"的意思是什么?

A. 惊喜地望着门外

B. 出乎意料的喜事从外面传进来

C. 家有喜事而希望外面的人都知道

D. 遇到出乎意料的喜事而格外高兴

二、词语训练

(一) 选择适当的介词填空:

　　　　为　把　让　比　对　被　跟

1. 旅客们都(　)这里的美景吸引住了。

2. 你(　)小李到我这里来一下。

3. 今天太热了,刚出门就(　)我热出一身汗。

4. 我们早就分手了,现在他好不好(　)我没关系。

5. 教会孩子生存的知识和技能,(　)送给孩子财产更有意义。

6. 老刘的女儿三十多了还没结婚,亲戚们都(　)她着急。

7. 因为是第一次一个人出远门,妈妈(　)他很不放心。

(二) 朗读下面的句子,注意句中画线词语的用法:

1. 我儿子买的鞋<u>和</u>你这双牌子完全<u>一样</u>。

2. 这种客气话几乎成了他的口头语。

3. 你既然看见半天了,为什么不早点儿告诉我?

4. 要是不告诉你,你受到的损失会更大。

5. 每个星期天都去钓鱼,一钓就是好几条,连下酒菜都不用买了。

6. 一有点儿风吹草动,就急忙收竿。

(三) 选择适当的词语填空:

　　开玩笑　抱怨　周围　寒冷　损失　干脆　耐心　啰嗦

1. 我们准备在湖的(　　)都种上树。

2. 这地方天气(　　),我们平时都不出屋。

3. 火车票太难买了,(　　)咱们坐飞机去吧。

4. 他说话太(　　)了,我们都听不下去了。

5. 这场火灾使我们(　　)了许多珍贵文物。

6. 孩子没考好要从孩子身上找原因,不要(　　)别人。

7. 我们(　　)地等了一个多小时,演出才开始。

8. 他活了200岁?别(　　)了!这怎么可能?

(四) 选择适当的成语填空:

　　风吹草动　垂头丧气　一无所获
　　慢条斯理　喜出望外　大吃一惊

1. 这位老师说话(　　　　)的,你甚至可以把她说的每一句话都记下来。

2. 他家的小狗睡觉十分警醒,外面稍有(　　　　),它就会把主人唤醒。

3. 我们在那里逛了一天街,可是,回来的时候两手空空,(　　　　)。

4. 看到多年不见的好朋友,真让他(　　　　)。

5. 考试失败,使他变得(　　　　)。

6. 听说老师突然病危,学生们都(　　　　)。

(五) 选词填空:

　　A. 平时　B. 平常

1. 他的样子很(　　),住在这里的人都不知道他是位有名的科学家。

2. 对一个学生的评定,既要看考试成绩,又要看(　　)表现。

3. (　　)不努力学习,考试时怎么能够考好?
4. 这种事在这里太(　　)了,大家都不觉得奇怪。

　　　　A. 谦虚　　B. 虚心

5. 只有(　　)向别人学习,才能在学习上取得更大的进步。
6. 面对大家的赞扬,她总是会(　　)几句。
7. 大家都选你说明你确实比别人强,你就别(　　)了。
8. 你应该(　　)接受大家的批评意见。

　　　　A. 几乎　　B. 差点儿

9. 这几个月我忙得要死,(　　)没时间休息。
10. 小红脚下一滑,(　　)没摔下山去。
11. 这两姐妹长得很像,站在一起,(　　)分不出谁是姐姐,谁是妹妹。
12. 她这次考得很好,(　　)考上北大。

　　　　A. 千万　　B. 万万

13. 她把他看作朋友,可是(　　)没有想到他竟是一个大骗子。
14. 路上结冰了,开车很危险,你(　　)要小心。
15. 敌人很狡猾,你们(　　)不可大意。
16. 你可(　　)记住我对你说的话。

三、阅读知识及练习

利用汉字的形旁猜测字义(三)

　　在前两讲中,我们介绍了一些出现频率较高的形旁。在这一讲中,我们接着介绍一些形旁,这些形旁组成的汉字多与人的日常生活有关:

形旁	名称	相关事物	例　字
贝	贝字旁	和钱财有关	财、购、账、贵、费、赌、货、贿、资、赃
饣	食字旁	和饮食有关	饭、饺、馒、馅、饼、饱、饿、馋、饮、馆
米	米字旁	和粮食有关	粮、粉、粒、粥、梁、糖、粽、糠、精、粗
禾	禾木旁	和粮食有关	稻、稼、穗、秧、黍、种、香、租、季、秆
皿	皿字底	和盛放饮食的器具等有关	盆、盘、盒、盅、盏、盂、盛、盥、盖、盈

续表

形旁	名称	相关事物	例 字
衤	衣补儿	和衣物有关	裤、衬、衫、袜、裙、袄、袖、被、补、褂
纟	绞丝旁	和衣物有关	纱、纺、线、织、结、绢、绣、绸、绩、编
宀	宝盖儿	和住处有关	家、室、宫、寓、牢、宿、富、定、宁、宇
车	车字旁	和交通工具有关	轮、辙、轿、轱、辘、轨、辆、轧、转、辗
舟	舟字旁	和水上交通工具有关	船、舰、艇、艘、航、舱、舫、舢、舷、舵
礻	示补儿	和人的生活愿望和祝愿有关	礼、福、祸、禄、禧、祥、祝、祈、祷、祺
疒	病字旁	和人身疾病有关	疾、病、痒、痛、疼、疫、痘、瘦、疲、疯

练 习 Exercises

(一) 写出你学过的其他带有以上形旁的汉字。

(二) 选择适当的汉字填空：

1. 你只要按账单付钱就行了,我们不收小 ____。(废、沸、费)

2. 天太热,我身上起了一身 ____ 子,痒得难受。(菲、痱、扉)。

3. 你帮我 ____ 一碗米饭。(成、盛、惩)。

4. 海上飞快地驶过一 ____ 快艇。(搜、嗖、艘)。

5. 你可以坐轻 ____ 列车来我家。(轨、仇、宄)。

6. 饺子的皮是用面 ____ 做的。(粉、纷、汾)

7. 看见这么多好吃的东西,我都 ____ 了。(挽、馋、谗)

8. 今年庄 ____ 长势很好,水稻、小麦都获得了丰收。(嫁、稼、稼)。

9. 孩子过年时收到了不少红包,上面写了不同的吉 ____ 话。
(祥、详、样)

10. 我想买一件短 ____ 的旗袍。(柚、袖、袖)

11. 这种布料你在丝 ____ 商店可以买到。(稠、绸、绸)

12. 她现在住在青年公 ____。(寓、遇、愚)

第四课

一、课文阅读与理解

 阅读 1

只缺太阳、月亮和米

有个人家里很穷,可总爱在别人面前吹牛,说自己多么多么富有。

有一天,他跟几个朋友一起聊天儿,又对朋友们吹起牛来:"我家现在要什么有什么,天上飞的,地上跑的,什么都不缺。如果说我家还缺点儿什么……只缺天上的太阳和月亮……"正说着,只见他的儿子急急忙忙跑来,大声对他说:"爸!我妈让我告诉你,咱家没米了,问你晚上吃什么。"他马上对朋友们说:"对了!除了太阳和月亮,我家还缺一点儿米。"

 New Words

1. 只	（副）	zhǐ	only
2. 缺	（动）	quē	lack
3. 总	（副）	zǒng	always
4. 富有	（形）	fùyǒu	rich
5. 聊天儿		liáo tiānr	chat
6. 对了		duì le	Oh, yes
7. 除了……还……		chúle...hái...	except

（一）根据课文内容,判断正误:

A. 这个人家里比较有钱。

B. 这个人喜欢吹牛。

C. 这个人家里只缺天上飞的和地上跑的。

D. 儿子的话把这个人的谎话揭穿了。

（二）"有个人家里很穷,可总爱在别人面前吹牛"中的"吹牛"指的是什么？

A. 谈论他家的牛   B. 说大话

C. 聊天儿   D. 发牛脾气

（三）"要什么有什么"的意思是:

A. 什么都需要   B. 什么都不需要

C. 什么都有   D. 什么都想得到

第 四 课

(四)"对了"在课文中所表示的是:

A. 儿子说得很对　　　B. 儿子的话提醒了我

C. 我要更正刚才说的话　　D. 我说得对吧

为什么不早来问我?

有位作家写字非常潦草,他写的稿子常常被杂志社的编辑退回来,要求誊写清楚以后再送去。后来,他的妻子成了他的秘书,每天为他誊写稿子。

有一次,一家杂志社向他约稿,稿子要得很急。他连开了几天夜车赶稿子,一边赶,一边让他的妻

子誊写。因为急着交稿,他的字越写越快,越写越潦草,到后来,他的妻子也认不出他写的是什么字了,于是,便拿着稿子问他。他接过稿子,左看右看,最后生气地把稿子往桌子上一摔,责备妻子说:"你为什么不早来问我?现在连我也认不出来了。"

 生 词 **New Words**

1. 作家　　(名)　　zuòjiā　　writer
2. 潦草　　(形)　　liáocǎo　　(of hand writing)hasty and careless

3. 稿子	（名）	gǎozi	manuscript
4. 杂志社		zázhìshè	magazine office
5. 编辑	（名）	biānjí	editor
6. 誊写	（动）	téngxiě	make a clear copy
7. 秘书	（名）	mìshū	secretary
8. 约稿		yuē gǎo	ask someone to write
9. 赶(稿子)		gǎn(gǎozi)	rush (to finish the writing)
10. 摔	（动）	shuāi	throw; cast
11. 责备	（动）	zébèi	blame

（一）作家为什么生气？

    A. 杂志社退回了他的稿子。

    B. 对认不出的字妻子没有早点问他。

    C. 妻子的字写得潦草，作者也认不出来了。

    D. 不满妻子的誊写速度。

（二）杂志社为什么把这位作家的稿子退回来？

    A. 他的稿子里面错字太多。

    B. 他写的字很乱，别人常常认不出他写的字。

    C. 杂志社对他的稿子的内容很不满意。

    D. 因为是他妻子替他写的稿子。

（三）"他连开了几天夜车赶稿子"中的"开夜车"指的是什么？

    A. 为了赶时间，连续几天在夜间开车。

    B. 为了赶时间，连续几天在夜间工作。

C. 因为写作而连吃晚饭都顾不上。

D. 为了赶时间,连续几天晚上在车上写作。

(四) 你有没有类似这位作家的经历?

阅读 3

她自己没长好

小王爱上了一位姑娘,那姑娘个子不高,长得十分丰满。小王很想给姑娘写封情书,无奈自己小时候没好好读书,文化水平不高,没办法,只好请小李帮忙。小李在这方面也没经验,就找朋友借了一本《婚姻恋爱大全》,从书上抄了一封情书交给小王。小王一看,情书满篇都是对姑娘的赞美之词,心中大喜,忙把情书给姑娘寄去了。姑娘一看情书里写有"你那苗条的身材,纤细的腰肢"等词语,误以为小王是在讽刺自己,一怒之下就和小王断绝了来往。小王弄清了原因后,一个

劲儿埋怨小李。小李却振振有辞地说:"这能怪我吗?书上对姑娘的赞美词就是这么写的!她自己没长好,倒怨别人!"

 生 词 New Words

1. 丰满	(形)	fēngmǎn	full and round; full-grown
2. 情书	(名)	qíngshū	love letter
3. 无奈	(形)	wúnài	have no choice
4. 恋爱	(名)	liàn'ài	a love affair
5. 苗条	(形)	miáotiao	slim
6. 身材	(名)	shēncái	figure; stature
7. 纤细	(形)	xiānxì	slender
8. 腰肢	(名)	yāozhī	waist
9. 误以为		wù yǐwéi	think by mistake
10. 讽刺	(动)	fěngcì	satirize
11. 一怒之下		yīnùzhīxià	in a fit of rage
12. 断绝	(动)	duànjué	break off
13. 来往	(名)	láiwǎng	contact
14. 弄(清)	(动)	nòng(qīng)	make (clear)
15. 振振有辞		zhènzhèn yǒu cí	speak plausibly and at length
16. 怨	(动)	yuàn	blame; complain

  阅读理解

(一) 关于小王和小李,下面哪句话不符合原文?

A. 小王的文化水平不高,他不会写情书。

B. 小李在写情书方面很有经验。

C. 小李在书上抄了一封情书。

D. 对小王的埋怨,小李很不服气。

（二）关于那位姑娘，判断正误：

A. 她是小李的妹妹。

B. 个子不高，长得有点儿胖。

C. 她收到了小王亲笔写的情书。

D. 她收到情书，非常高兴。

（三）姑娘和小王断绝来往是因为：

A. 姑娘看出情书是别人帮小王写的。

B. 姑娘认为小王在讽刺自己。

C. 姑娘不喜欢别人给自己写情书。

D. 姑娘认为这封情书不是写给自己的。

（四）你有没有自己写过或帮别人写过情书？介绍一下你在这方面的的经验。

阅读 4

卖 锅

"卖锅啦！卖锅啦！"一个卖锅的小贩吆喝着走进一条小胡同，招来很多人围观。

"卖锅的！你这锅质量怎么样啊?"一位老太太问道。

"没问题！我卖的锅可结实啦！您买一口锅，包您用一辈子。"卖锅的人一拍胸脯，"要是十年以后您的锅出了毛病，您来找我。"

"净说废话！十年

以后我上哪儿找你去呀?"老太太说着拿起一口锅,用手指敲了敲,问卖锅的人:"这锅怕摔吗?上次我在街上买了个锅,还没进家门,一不小心掉在地上就摔裂了。"

"我这锅绝对没问题!您要是不信,咱们当场试验。"卖锅的人说着,举起一口锅向地上摔去,尽管举时劲儿大,往下摔时劲儿小,那锅还是"啪"的一声裂成两半儿,只见卖锅的人面不改色,指着摔裂的锅说道:"像这种质量的锅,我决不会卖给您!"

生 词 New Words

1. 锅	(名)	guō	pot
2. 小贩	(名)	xiǎofàn	vendor
3. 招	(动)	zhāo	attract
4. 围观	(动)	wéiguān	gather to have a look
5. 质量	(名)	zhìliàng	quality
6. (一)口	(量)	(yì)kǒu	for thing with a mouth of edge
7. 一辈子	(名)	yíbèizi	lifetime
8. 胸脯	(名)	xiōngpú	chest
9. 出毛病		chū máobing	something is wrong
10. 废话	(名)	fèihuà	nonsense; a pile of shit
11. 敲	(动)	qiāo	knock
12. 裂	(动)	liè	crack; split
13. 绝对	(副)	juéduì	absolutely
14. 当场		dāngchǎng	on the spot
15. 试验	(动)	shìyàn	test; trial
16. 举	(动)	jǔ	lift up
17. 劲儿	(名)	jìnr	strength
18. 面不改色		miànbùgǎisè	remain calm

第 四 课

注 释

卖锅的

动宾短语后面加上"的"字,指从事某种职业的人,如"开车的"(司机)、"看门的"(门卫)、"教书的"(教师)、"卖票的"(售票员)等等。这是一种非正式的称呼。

the person who sells pots There is some contemptuous connotation in this term. In spoken Chinese, verb–object phrases can be followed by "的" to indicate a profession, such as "开车的(driver), 看门的(gate keeper), 教书的(teacher), 卖票的(bus conductor)", etc, which are informal addressing terms.

(一) 根据课文内容,判断正误：

  A. 小贩保证他的锅质量没问题。

  B. 小胡同里的人都来买锅。

  C. 老太太上次买的锅用了一次就裂了。

  D. 小贩为自己的锅摔裂了而感到羞愧。

(二) 下面哪句话不符合课文原意?

  A. 小贩想通过当场摔锅来证明自己的锅很结实。

  B. 小贩保证他的锅可用一辈子。

  C. 小贩拿起锅用力向地上摔去。

  D. 小贩告诉老太太锅如果有问题,可以找他。

(三) "包您用一辈子"的意思是：

  A. 保证您买的锅永远不会坏。

  B. 您的锅坏了可以随时换新的。

C. 您永远都会买我的锅。

D. 包您一辈子都会用我的锅。

(四) 如果你是卖锅的,你怎么推销自己的商品呢?试着表演一下吧。

二、词语训练

(一) 选择适当的结果补语填空:

好 到 在 住 开 上 见

1. 昨天晚上我看书看(　　)半夜十二点。
2. 学过的汉字你们全记(　　)了没有?
3. 下雨了,穿(　　)我的雨衣去吧!
4. 我昨天在超市看(　　)他和他的女朋友了。
5. 请大家坐(　　),汽车马上就要开了。
6. 你们把生词抄(　　)练习本上。
7. 屋里空气不好,请把窗户打(　　)

(二) 朗读下面的句子,注意句中画线词语的用法:

1. 有个人家里很穷,可总爱在别人面前吹牛,说自己<u>多么多么</u>富有。
2. 我家现在<u>要什么有什么</u>,天上飞的,地上跑的,什么都不缺。
3. <u>除了</u>太阳和月亮,我家还缺一点儿米。
4. 他接过稿子,<u>左看右看</u>,最后生气地把稿子往桌子上一摔。
5. 她自己没长好,<u>倒</u>怨别人!
6. <u>净</u>说废话!十年以后我上哪儿找你去呀?
7. 像这种质量的锅,我<u>决</u>不会卖给您!

(三) 把下面画线的词语按词性分列在下面的表格中:

富有　潦草　誊写　责备　无奈
讽刺　苗条　纤细　断绝　试验

动词				
形容词				

(四) 选词填空：

A. 请求　B. 要求

1. 老师（　）我们必须完成每一天的作业。
2. 我（　）各位领导一定看一看我写的申诉。
3. 你写的作文不符合（　）。

A. 断绝　B. 隔绝

4. 父亲一气之下和儿子（　）了父子关系。
5. 这个民族住在深山老林里，过着与世（　）的生活。
6. 大雪封山，所有的交通都（　）了。
7. 一条国境线（　）了两个村子的来往。

A. 结实　B. 牢固

8. 这双布鞋做得很（　），穿了两年都没有磨破。
9. 大坝修得十分（　），再大的洪水也冲不垮。
10. 他的身体（　）得像头牛。
11. 我们之间建立的（　）的友谊谁也破坏不了。

A. 试验　B. 实验

12. 他在这个大学的化学（　）室工作了几十年。
13. 这种药不能随便给病人注射，要先打（　）针。

(五) 综合填空：

伊克利沼泽位于英国的约克郡，是1987年一次最令人费解的所谓的偶遇"外星人"__1__的发生地。这年11月的一天黄昏，有位警察在沼泽周围漫步时，看见一个长着大眼睛、矮小的绿色__2__从自己身边跑过。他拍下了一张照片，许多专家__3__照片进行过分析，但谁也没能给出__4__。这位警察不愿因此而招惹公众注意，他的姓名不为人知，但一项独立进行的精神病学测试__5__，他坚信自己讲的是实话。

1. A. 事故　　B. 事件　　C. 事情　　D. 奇遇
2. A. 人物　　B. 身材　　C. 身体　　D. 身影
3. A. 为　　　B. 把　　　C. 对　　　D. 使
4. A. 解决　　B. 解释　　C. 解说　　D. 回答
5. A. 表明　　B. 标明　　C. 表现　　D. 阐明

三、阅读知识及练习

利用汉字的形声特点全面猜测字音字义

我们前面提到过,汉字的80%以上是形声字。了解形旁有助于猜测字义,而了解声旁则有助于猜测一个汉字的读音。

我们举例来看:"鳇"这个字恐怕大家都没有学过,但你是否可以猜一下呢?这个字的形旁是"鱼",应该和鱼有关系,可能是一种鱼的名字;声旁是"皇",这个字的读音可能是huáng。

恭喜你!答对了!事情就这么简单。

下面再给出一些相关的汉字:

湟、煌、惶、篁、蝗、隍、锽、馈、喤

你能猜出它们的字音字义吗?大概你能猜出80%吧。让我们看看答案:这些字的发音都是huáng。

湟——水名

煌——明亮

惶——恐惧

篁——竹林

蝗——虫名

隍——没水的城壕

锽——古兵器

馈——一种面食

喤——小儿哭声

看,掌握了汉字的形声规律,在阅读的时候,遇到不认识的汉字,你可以利用你学过的知识,再根据上下文的关系,猜出这个字的字音字义来。

不过,有些汉字虽然属于形声字,但是这个字的声旁没有完全合适的部件,只能以字音相近的部件代替。因此,表示声旁的部件有的是声调有所不同,如:"唱、花"等;有的是声母或韵母有所不同,如"松、冷"等。

另外要提醒的是:有些汉字在简化以后,失去了原有的形声字特征,就不容易猜出来了:像"邓"这个字,繁体写做"鄧",是个形声字,其中"登"表

示字的读音,简化以后变成"又",就不容易了解原有的声旁了。再如"爱"这个字,繁体写做"愛",它的形旁是"心"。现在简化以后去掉了"心"字,想猜出这个字的字义就难了。

因此,利用汉字的形声特点猜测字音字义只是在快速阅读的时候应急的一种方法,在有时间、有字典的时候,还是应该多查字典,精益求精。

练习 Exercises

指出下面汉字的形旁与声旁,猜猜它们的字音字义,然后查字典看看自己的猜测是否准确:

拇、疯、聋、姥、骂、鲨、菏、苔、涞、财、狈、楠、拦、铲、胖

第五课

一、课文阅读与理解

 阅读 1

胡子最像

有一位老人八十多岁了,听说一位邻居喜欢画画儿,就请这位邻居为自己画一幅肖像。肖像画好以后,老人总觉得画得不像,就去问邻居。邻居告诉他:"您岁数大了,眼花了,当然看着不像了。您拿着这幅肖像到街上去问问过路人,就知道画得像不像了。"

老人拿着自己的肖像,真的上了街,见到一个过路人,便问:"您看这画儿上的人像我吗?"那人看了半天,回答说:"有点儿像。""哪儿最像?"那人又看了半天,指着帽子说:"这儿最像。"老人又去问第二个过路人,得到的回答是:"衣服最像。"见到第三个过路人,老人说:"除了帽子、衣服,您看这幅画儿哪儿画得像我?"那人左看右看,犹豫了半天,最后回答说:"胡子最像!"

第 五 课

 New Words

1. 胡子 （名） húzi goatee; mustache
2. 邻居 （名） línjū neighbor
3. 幅 （量） fú for painting, cloth, etc
4. 肖像 （名） xiàoxiàng portrait
5. 花 （形） huā dim (eyes)
6. 过路人 guòlùrén passerby
7. 犹豫 （形） yóuyù hesitant; wavering

（一）关于这位老人，下面哪句话是不对的？

    A. 是一位八十多岁的老太太

    B. 请人为自己画了一幅肖像

    C. 对这幅肖像不太满意

    D. 上街问路人肖像是否像自己

（二）关于那位邻居，下面哪句话是正确的？

    A. 爱好绘画

    B. 画人物画得非常好

    C. 是一位有名的画家

    D. 认为老人不懂艺术

（三）"那人左看右看"中的"左看右看"是什么意思？

    A. 往两边看   B. 仔细观看

    C. 站在画的两侧看   D. 注意看画的两侧

（四）关于那幅画，为什么三个路人有三种说法？

阅读 2

说跑了客人

李甲常常因为说话欠考虑得罪人。有一次,他请四位客人到家里来吃饭。约定的时间已经过了,有一位客人还没有到。李甲急得埋怨了一句:"该来的还不来。"旁边一位客人听到他说的这句话,心里觉得不对劲儿:"他为什么说'该来的还不来'呢?看来我是不该来的来了。"于是,不等那位客人来,便起身告辞了。李甲见这位客人没吃饭就走了,着急地嘀咕了一句:"你看,不该走的又走了。"另一位客人听了,心里琢磨:"'不该走的又走了'?听他这话的意思,好像我是该走的没走。"于是也离开了他家。李甲急得朝着离去的客人大喊:"你别误会!我不是说你!"留下的客人一听,心想:"不是说他,那一定是说我了?"于是,他也站起身来走了。

生词 New Words

1. 欠	(动)	qiàn	lack
2. 考虑	(动)	kǎolǜ	consider
3. 得罪	(动)	dézuì	offend
4. 约定	(动)	yuēdìng	make an appointment

5. 埋怨	（动）	mányuàn	complain
6. 不对劲儿		búduìjìnr	uncomfortable
7. 起身		qǐ shēn	stand up
8. 告辞	（动）	gàocí	say goodbye
9. 嘀咕	（动）	dígu	whisper
10. 琢磨	（动）	zuómo	ponder;think ouer
11. 误会	（动）	wùhuì	misunderstand

阅读理解

（一）根据课文内容，判断正误：

　　A. 李甲请四位朋友在饭店吃饭。

　　B. 其中还有一位客人没有来。

　　C. 李甲担心那位没来的客人。

　　D. 由于等的时间太长了，三位客人都走了。

（二）"说话欠考虑"的"欠"和下面哪句话中的"欠"的意思相同？

　　A. 这笔账你打算欠到什么时候？

　　B. 他欠着脚朝里看了半天，也没看见什么。

　　C. 近来我父亲身体欠佳，医生说他不宜出门。

　　D. 最近他一见我便把脸拉得长长的，好像我欠他什么。

（三）李甲为什么会说跑了客人？

（四）如果你是李甲，你会怎么说？

这次可不是我先说的

学校放假了，儿子在家闲着没事，做买卖的父亲就把儿子带

到小摊儿上,让儿子帮着卖鸡蛋。儿子随手抓起两个鸡蛋说:"爸爸,中午给我炸两个荷包蛋吧!"父亲忙把鸡蛋接过来,放回摊儿上,悄声对儿子说:"想吃鸡蛋,咱家有,这儿的鸡蛋不新鲜,净是臭的。不过卖鸡蛋的时候,你可千万别说咱家卖的是臭鸡蛋。"儿子点点头,连声说:"知道了!知道了!"过了一会儿,有位顾客来了,拿起鸡蛋左看右看,儿子对顾客说:"看什么!我家卖的不是臭鸡蛋!"顾客一听,起了疑心,没买鸡蛋就走了。顾客走后,父亲生气地骂儿子说:"你真是个没用的东西,别人没提,你干吗先提臭鸡蛋?这不是提醒人家了吗?"正说着,又过来一位顾客买鸡蛋,他拿起鸡蛋看了看,小声嘀咕道:"这鸡蛋看着不新鲜,不会是臭鸡蛋吧?"儿子一听,当着顾客的面,大声对父亲说:"听见了吧?这次可不是我先说的!"

生词 New Words

1. 做买卖		zuò mǎimai	do trading business
2. 摊儿	(名)	tānr	vendor's stand
3. 随手	(副)	suíshǒu	stretch out one's hand (and do something with ease)
4. 抓	(动)	zhuā	grab
5. 炸	(动)	zhá	fry
6. 荷包蛋	(名)	hébāodàn	poached eggs
7. 悄声		qiāoshēng	in a low voice

第 五 课

8. 新鲜	（形）	xīnxiān	fresh
9. 臭	（形）	chòu	stinking
10. 连声	（副）	liánshēng	say repeatedly
11. 起疑心		qǐ yíxīn	get suspicious
12. 提醒	（动）	tíxǐng	remind of; warn
13. 当面		dāng miàn	in somebody's presence

（一）关于课文中的父亲，下面哪句话是正确的？

　　A. 父亲让放学的儿子帮他卖鸡蛋。

　　B. 父亲卖的鸡蛋不新鲜。

　　C. 父亲不想让儿子吃荷包蛋。

　　D. 父亲怪儿子不诚实。

（二）根据课文内容，判断正误：

　　A. 儿子喜欢吃荷包蛋。

　　B. 儿子是一个诚实的孩子。

　　C. 儿子是一个聪明的孩子。

　　D. 儿子很会做买卖。

（三）"儿子在家闲着没事"这句话中的"闲"和下面哪句话中的"闲"的意思相同？

　　A. 工厂停产了，你看，机器都在那儿闲着呢。

　　B. 她一天到晚在家呆着，闲得难受。

　　C. 我没去旅行，在家看了几本闲书。

　　D. 这里没有闲房，所有的屋子都住满人了。

（四）客人为什么没买鸡蛋？

说话不吉利

有个小伙子说话从来不加考虑,因此,常常在别人面前说出一些别人不爱听的话来,惹人生气。有一次,一个人给儿子办满月,邀请邻居们参加,大家便凑了份子前去贺喜。这个小伙子也想跟大家一起去。大家都劝他说:"人家今天是大喜的日子,你还是别去吧!去了净说不吉利的话,弄得大家都没意思。"他一听忙保证说:"我今天去了,一言不发,行不行?"大家见他一定要去,没办法,只好千叮咛,万嘱咐,然后带他一同前往。

到了邻居家,他果然一句话不说,别人贺喜时,他在后面跟着点

头;别人碰杯时,他只顾闷头吃菜。大家见他这样,慢慢也就放心了。谁知在向主人告别时,他忽然开了口,向主人表白说:"我这个人平时爱说不吉利的话,招人讨厌,今天我可一句也没说。日后您的儿子要是得病死了,跟我可没关系!"

生词 New Words

1. 吉利　　　(形)　jílì　　　　lucky
2. 不加考虑　　　　bù jiā kǎolǜ　　without a moment's thought

第 五 课

3. 惹	（动）	rě	offend; provoke
4. 凑(份子)	（动）	còu (fènzi)	club money together (to present a gift to somebody)
5. 贺喜		hè xǐ	congratulate somebody on a happy occasion
6. 弄	（动）	nòng	make
7. 保证	（动）	bǎozhèng	promise; ensure
8. 一言不发		yìyánbùfā	without saying anything; not say any word
9. 叮咛	（动）	dīngníng	urge again and again
10. 嘱咐	（动）	zhǔfù	enjoin on; tell (somebody what to do and not to do)
11. 一同	（副）	yìtóng	together
12. 前往	（动）	qiánwǎng	be bound for somewhere; head for
13. 果然	（副）	guǒrán	as expected
14. 谁知		shéizhī	unexpectedly
15. 表白	（动）	biǎobái	say sincerely; explain oneself
16. 招人讨厌		zhāo rén tǎoyàn	repugnant; make people dislike
17. 日后	（名）	rìhòu	in future

办满月

为婴儿出生满一个月举行庆祝活动,俗称"办满月"。

To hold celebration for the baby of one month old Traditionally a celebration will be held for the new-born baby who has completed the first month of life.

 阅 读 理 解

(一) 根据课文内容,判断正误:

　　A. 小伙子常常说别人不爱听的话。

　　B. 主人不欢迎小伙子的到来。

　　C. 大家在走之前教小伙子说吉利的话。

　　D. 小伙子在大喜的日子没说不吉利的话。

(二) 关于那位小伙子,下面哪句话是正确的?

　　A. 也想为邻居生儿子道喜

　　B. 因为没有凑份子,大家不愿让他去

　　C. 在邻居家,大家始终对他不放心

　　D. 临走前,他向主人说了一些祝福的话

(三) "去了净说不吉利的话,弄得大家都没意思"中的"没意思"指的是:

　　A. 害羞　　B. 没有趣味　　C. 不高兴　　D. 没有想法

(四) "别人碰杯时,他只顾闷头吃菜"中的"闷头"指的是:

　　A. 烦闷　　B. 声音低沉　　C. 寂寞　　D. 不吭声

二、词语训练

(一) 选择适当的量词填空:

　　封　副　条　只　口　句　篇　双　幅　家

1. 那( )山水画多少钱?

2. 他说了很多,可我只听懂一两( )。

3. 这本书里的文章他只看过一两( )。

4. 邻居家的大花猫一天要吃好几( )鱼。

5. 看着他那( )可笑的样子,我忍不住笑出了声。

6. 看到桌子上多了两( )筷子,他明白家里一定是来客人了。

第 五 课

7. 你看你买的是什么鞋呀？左边这( )大,右边这( )小。
8. 我家的锅坏了,打算再买一( )铁锅。
9. 这( )商店的东西很便宜。
10. 你能不能帮我给我的女朋友写一( )情书？

(二) 朗读下面的句子,注意句中画线词语的用法:
1. 有一位老人八十多岁了,<u>听说</u>一位邻居喜欢画画儿,就请这位邻居为自己画一幅肖像。
2. <u>于是</u>,不等那位客人来,便起身告辞了。
3. 那人<u>左看右看</u>,犹豫了半天,最后回答说:"胡子最像!"
4. 到了邻居家,他<u>果然</u>一句话不说。
5. 有个小伙子说话从来不加考虑,<u>因此</u>,常常在别人面前说出一些别人不爱听的话来,<u>惹</u>人生气。
6. 日后您的儿子<u>要是</u>得病死了,跟我可没关系!

(三) 选择适当的词语填空:
　　　琢磨　误会　得罪　埋怨　前往　当面　吉利　考虑
1. 工作失败了,应该多找找自己身上的原因,不要互相( )。
2. 双月双日通常被认为是( )的日子,所以这一天办喜事的人很多。
3. 中国代表团( )非洲五国进行友好访问。
4. 他们两个人之间的( )太深了。
5. 你这种要求实在没有道理,我们不能( )。
6. 他做错了事,我批评了他几句,结果把他( )了。
7. 他的话我( )了半天,也没明白到底是什么意思。
8. 你拿到钱以后,一定要( )点清楚。

(四) 选词填空:
　　　　　　A. 随手　　　B. 随便
1. 我刚才出去的时候( )把门关上了。
2. 大家不要客气,( )坐吧。
3. 该认真的时候就要认真,不能太( )了。
4. 那份材料可能是让他整理文件的时候( )扔进垃圾桶里了。

　　　　　　A. 告别　　　B. 告辞
5. 对不起,我还有事,( )了。

6. 大家怀着悲痛的心情,向他的遗体( )。

7. 他( )了亲友,走上了出国留学的道路。

8. 我见他家又来了几位客人,就赶快向他( )了。

    A. 表白 B. 表示

9. 竖起大拇指( )对别人的赞扬。

10. 你既然喜欢她,为什么不向她( )呢?

11. 你用不着再( ),我实在不想再听下去了。

12. 你打算送什么礼物来( )你的谢意呢?

    A. 提醒 B. 提示

13. 你( )她明天一定到办公室来一下。

14. 今天上课的时候,老师向我们( )了考试的重点。

15. 谢谢你的( ),要不我真的会答错了。

16. 他家的汽车倒车时,有语音( )。

(五) 选择适当的助词填空:

   的 地 得 了 着 过

  妹妹在大学学习,很长时间没有回(1)家(2),去年年底回家来,大家都说她胖(3),弄(4)她很不开心,她决心开始减肥。

  今年国庆节,妹妹又回家来(5),一进门就问:"你们看,我瘦(6)没有?"全家人看(7)半天,没有一个点头(8),气(9)妹妹大声说:"我就不信没有人看出我瘦(10)!"

  晚上,一个朋友带(11)四岁(12)女儿燕燕来串门儿,妹妹一见,像见(13)救星似(14)一把把燕燕拉到身边,举(15)一块巧克力说:"燕燕,你说姐姐瘦还是胖?你说瘦,这巧克力就是你(16)。"燕燕看(17)巧克力说:"瘦。"妹妹得意(18)看(19)大家一眼,把巧克力塞到燕燕手里,又对燕燕说:"你告诉大家,姐姐哪儿瘦?"燕燕一边吃(20)巧克力,一边说:"裤子瘦"。

三、阅读知识及练习

利用会意字的特点猜测字义

  前面几课我们谈了通过辨认部首以及掌握形声字的特点猜测字义的

方法。其实,在我们读书的时候,还会遇到一种虽然不是形声字,但也可以通过组成这一汉字的部件来猜测字义的汉字,我们把它们叫做会意字。

会意字有以下几种构成方式:

1. 一些会意字是由两个或两个以上的汉字组成的,这些会意字也许我们都没学过,但是通过我们认识的、构成这一会意字的两个或两个以上的汉字,我们了解到一些相关的信息,借助这些信息猜出这一会意字的字义。我们看一下下面的例子:

(1)歪:这个字是由"不"和"正"组成的,"不正"当然就是偏的、斜的,也就是"歪"的了。如:"地图挂歪了。"

(2)林:这是两棵树并列在一起的样子,表示较多的树木。组成词语如"树林"、"山林"、"林海雪原"等等。

(3)尖:上面"小",下面"大",构成了这一汉字的特点,即形容某一事物的末端比另一端细小,组成词语如"笔尖"、"刀尖"、"鼻尖"、"塔尖"等等。

(4)岩:表示"山上的石头",组成词语如"岩石"、"花岗岩"、"岩洞"等等。

(5)众:由三个"人"组成,表示人很多,组成词语如:"群众"、"众人"、"观众"、"众所周知"、"众志成城"等等。

2. 有些会意字不是由两个完整的汉字组成的,它们是由偏旁和并不表示读音的汉字、或者由两个或两个以上的部件构成,我们同样可以通过它们提供的信息,猜出这个字的字义。我们看下面的例子:

(6)泪:左边是三点水旁,右边是"目",表示眼睛,那么,这个字的意思就是"眼睛里流出水来",组成词语如"泪水"、"眼泪"、"泪如雨下"等等。

(7)囚:一个人被围在四面封闭的院墙内,当然是指监狱里的犯人,组成词语如"囚犯"、"死囚"、"囚徒"、"囚禁"等等。

(8)休:一个人靠在树上,表示歇息,组成词语如"休息"、"午休"、"休养"、"修整"等等。

(9)苗:田里长出草一样的植物来,组成词语如"麦苗"、"禾苗"、"蒜苗"、"幼苗"等等。

(10)从:一个人在前面走,一个人在后面跟着,组成词语如"跟从"、"从众"、"顺从"、"随从"、"从犯"等等。

3. 有些构成汉字的部件,是我们不认识或不清楚其含义的,如果我们

了解这些部件的意义,我们猜词的能力就会扩大了。举例来说,"隹"在古书上是指短尾巴的鸟,在汉字的构成中,往往用来代指鸟类。如果了解这一知识,那么下面这些汉字就好猜了。如:

(11)焦:鸟在火上,比喻东西被烧掉,组成词语如"烧焦"、"焦土"、"焦黄"等等。

(12)雀:由"小"和"鸟"构成,一些鸟类的名字如"云雀"、"麻雀"、"燕雀"等等。

(13)集:鸟落在树上,比喻聚在一起,组成词语如"集合"、"聚集"、"集中"等等。

4. 有些汉字,在古代的汉字如甲骨文、金文的写法中是很典型的会意字,但是由于汉字写法的演变,现在已经不太容易看出它们的特点了,这就增大了我们猜词的难度。我们看下面的例子:

(14)看:上面是一只手,下面是"目",意思是"手遮眼睛向前望去",组成词语如"看见"、"遇见"、"会见"、"见面"等等。

5. 还有一些汉字,用的是一些比较抽象的比喻,这就需要我们发挥自己的想像力,好好去猜一猜了。看下面的例子:

(15)天:下面的"大"表示一个站立的人,在人的头顶上增加一横表示头顶上的事物,也就是天空。

(16)立:表示一个站立的人。

(17)旦:表示太阳从地面升起,指早晨。

 练习 **Exercises**

(一)模仿上面所学知识,在你学过的汉字中,找出类似的会意字。

(二)猜测下列汉字的字义,然后查字典看看自己的猜测是否准确:
甭 孬 森 晶 明 鸣 吠 尿 甜 尘 伏 困

(三)猜测下面词语中画线汉字的字义,并说出这一词语的意思:
忐忑不安 烈日炎炎 玩火自焚 跋山涉水 味道鲜美 死无葬身之地

第六课

一、课文阅读与理解

豆腐就是我的命

周某人留朋友在家吃饭,饭桌上只有豆腐这一样菜。他怕客人见怪,就解释说:"我最喜欢吃豆腐,豆腐就是我的命,我每天吃饭都离不开豆腐,什么菜都没有豆腐好吃。"

过了几天,周某人到朋友家去,朋友也留他吃饭。朋友记得他最喜欢吃豆腐,就在每样菜里都加上一些豆腐。到了吃饭的时候,他却专挑菜里面的鱼和肉吃。朋友见了,奇怪地问他:"我记得你说过,豆腐就是你的命,每天吃饭都离不开豆腐,怎么今天一口豆腐也不吃啊?"周某人边吃边回答说:"见了鱼和肉,我连命都不要了!"

生词 New Words

1. 豆腐　　(名)　　dòufu　　bean curd

新编趣味汉语阅读

2. 命	（名）	mìng	life
3. 留	（动）	liú	ask someone to stay
4. 见怪	（动）	jiànguài	mind, take offence
5. 解释	（动）	jiěshì	explain
6. 离不开		líbukāi	cannot do without something
7. 样	（量）	yàng	kind
8. 专	（副）	zhuān	specially; focus on one thing
9. 挑	（动）	tiāo	choose
10. 奇怪	（形）	qíguài	strange

阅 读 理 解

（一）关于周某人，下面哪句话是事实？

    A. 他认为豆腐是最好吃的食品。

    B. 他每天一定要吃豆腐。

    C. 他在请朋友吃饭的时候，每样菜里都要放上豆腐。

    D. 和豆腐比起来，他更爱吃鱼和肉。

（二）"豆腐就是我的命"是说：

    A. 一天不吃豆腐我就会死去。   B. 我的生活离不开豆腐。

    C. 豆腐是很贵重的食品。   D. 豆腐像生命一样宝贵。

（三）"见了鱼和肉，我连命也不要了"的意思是：

    A. 我怕吃鱼和肉。

    B. 我见了鱼和肉就不再需要别的了。

    C. 我看到死了的动物心里难过极了。

    D. 看到鱼和肉，我都要死了。

（四）说说周某人是怎样的一个人？

真本事

有个财主觉得自己比谁都聪明,他常常出难题为难他家的用人。有一天,他拿出一个酒瓶,叫用人去给他买一瓶酒,却不给用人买酒的钱。用人问他:"没有钱怎么买酒呢?"财主狡猾地笑了笑说:"花钱买酒谁不会?你要是不花钱把酒买来,那才是真本事呢!"用人听了,眼珠转了转,一声不吭地拿起酒瓶就走了。没一会儿,他提着空酒瓶回来了。

财主见了,不高兴地问他:"叫你去买酒,你怎么还没走?"用人回答说:"酒已经买回来了,您尝尝这酒的味道怎么样。"说着,把空酒瓶递了过去。财主气炸了肺:"这酒瓶是空的,叫我尝什么?"用人不慌不忙地说:"酒瓶里装满了酒谁不会喝?能从空酒瓶里喝出酒来,那才是真本事呢!"

生词 New Words

1. 本事	(名)	běnshi	ability; skill
2. 出难题		chū nántí	set difficult problem
3. 为难	(动)	wéinán	make things difficult for
4. 用人	(名)	yòngren	servant

5. 狡猾	（形）	jiǎohuá	cunning; sly; crafty
6. 眼珠	（名）	yǎnzhū	eyeball
7. 转	（动）	zhuàn	move from side to side
8. 一声不吭		yìshēngbùkēng	not say a word
9. 提	（动）	tí	carry in ones hand
10. 尝	（动）	cháng	taste
11. 递	（动）	dì	pass over
12. 炸	（动）	zhà	flaw into a rage; flare up
13. 肺	（名）	fèi	lung

（一）根据这篇课文,看看下面哪句话是不对的:

    A. 财主认为自己最聪明。

    B. 财主常常出难题让用人为难。

    C. 财主让用人买酒却不给钱。

    D. 财主的命令难住了用人。

（二）"财主气炸了肺"是什么意思?

    A. 财主气愤到了极点。   B. 财主的肺气出了毛病。

    C. 财主因为生气而肚子疼。   D. 财主气得说不出话来。

（三）财主和用人谁更聪明?从课文中的什么地方可以看出来?

（四）谈谈你读了这篇课文的感想。

不准定日子

李家村有个财主,家里很有钱,可他非常吝啬。他常常到别

第六课

人家去吃请,却从来没有在家招待过别人。

　　有一次,邻居家请客,要请的客人太多,家里坐不下。邻居便和财主商量,借他的房子用一下儿,给一笔钱,还请他一家白吃一顿。财主见有这么多好处,便很痛快地答应下来。

　　到了这一天,财主家里人来人往,十分热闹。有个过路人觉得奇怪,悄悄地问财主家的用人:"怎么,今天太阳从西边出来啦?你家也请客啦?"用人一撇嘴说:"要是让我家主人请客,得等到下辈子!"这话恰好被财主听到了。财主从屋里伸出头来,恶狠狠地冲用人骂道:"你这个奴才!谁让你跟他定下请客的日子!"

生词 New Words

1. 准　　　（动）　　zhǔn　　　　　　permit
2. 定　　　（动）　　dìng　　　　　　set, fix
3. 吝啬　　（形）　　lìnsè　　　　　　mean; stingy
4. 吃请　　（动）　　chīqǐng　　　　be invited to dinner
5. 招待　　（动）　　zhāodài　　　　treat; entertain
6. (一)笔　（量）　　(yì)bǐ　　　　　a sum of (money)
7. 白　　　（副）　　bái　　　　　　for nothing; free of charge
8. 痛快　　（形）　　tòngkuai　　　　readily; to one's heart's content
9. 人来人往　　　　　rénlái rénwǎng　people coming and going
10. 悄悄　　（副）　　qiāoqiāo　　　　quietly; on the quiet
11. 撇嘴　　　　　　 piě zuǐ　　　　 curl one's lip

12. 下辈子		xiàbèizi	after-life
13. 恰巧	（副）	qiàqiǎo	by chance
14. 恶狠狠	（形）	èhěnhěn	ferocious
15. 冲	（介）	chòng	towards
16. 骂	（动）	mà	abuse; curse
17. 奴才	（名）	núcai	lackey

（一）关于那个财主，判断正误：

    A. 家里常常人来人往。

    B. 请了很多客人在家里吃饭。

    C. 亲戚朋友没有在他家吃过饭。

    D. 打算下一次请人来家里吃饭。

（二）"太阳从西边出来"的意思是说：

    A. 天气发生突然的变化

    B. 讽刺在某人身上发生不可思议的事

    C. 对发生的事情感到不理解

    D. 分不清方向

（三）财主为什么答应邻居借用他家的房子？

（四）财主为什么骂他家的用人？

吃冬瓜的好处

    有一位财主，为儿子请了位教书先生，每天在家教他的儿子读书。财主虽然有钱，却十分小气，每顿饭只给教书先生吃冬瓜

汤,吃得这位先生浑身无力。教书先生实在受不了了,就去问财主:"您家很喜欢吃冬瓜,是吗?"财主回答说:"是啊!冬瓜味道好,而且常吃冬瓜对人的眼睛也有好处。"教书先生无话可说,只好忍下这口气。

几天后,财主到书房去找教书先生,只见这位先生脸朝着窗外,向远处张望,而且摇头晃脑,嘴里还不时哼着什么。财主疑惑地问:"你在看什么?"教书先生回过头来答道:"城里正在演戏,我在这儿看得入神了,没有看见您进来,实在抱歉。"财主走到窗前,向外看了一眼,奇怪地说:"这儿离城里远着呢! 城里演戏,你在这儿怎么看得见?"教书先生微笑着回答说:"自从吃了您家的冬瓜,我发现我的眼睛越来越好,几十里以外都能看见。"

生词 New Words

1. 冬瓜	(名)	dōngguā	wax gourd
2. 教书先生		jiào shū xiānsheng	teacher
3. 小气	(形)	xiǎoqi	mean
4. 浑身无力		húnshēn wúlì	feel weak all over
5. 受不了		shòubuliǎo	cannot put up with
6. 无话可说		wú huà kě shuō	have nothing to say
7. 忍	(动)	rěn	bear; endure
8. 张望	(动)	zhāngwàng	look around
9. 摇头晃脑		yáotóu huàngnǎo	wag one's head, look pleased with oneself
10. 不时	(副)	bùshí	frequently; from time to time

11. 哼	（动）	hēng	hum
12. 疑惑	（动）	yíhuò	feel puzzled; not be convinced
13. 演戏	（动）	yǎn xì	put on a play
14. 入神		rù shén	be entranced; be enthralled
15. 抱歉	（形）	bàoqiàn	be sorry; feel apologetic
16. 微笑	（动）	wēixiào	smile; beam on
17. 自从	（介）	zìcóng	since
18. ……以外	（名）	...yǐwài	beyond; outside

阅读理解

（一）根据课文内容，看看下面哪句话是不对的：

　　A. 财主家里请了一位教书先生。

　　B. 财主是一个很小气的人。

　　C. 财主每顿饭都请教书先生吃冬瓜汤。

　　D. 教书先生的眼睛的确越来越好。

（二）关于教书先生，判断正误：

　　A. 他每天教书很累，实在受不了了。

　　B. 他因为每天吃冬瓜汤而浑身没有力气。

　　C. 他很生气，对财主发了脾气。

　　D. 他能看见几十里以外城里演的戏。

（三）"忍下这口气"的意思是：

　　A. 气得无法忍受

　　B. 深呼一口气

　　C. 忍不住发了脾气

　　D. 虽然生气可是没有办法，只好忍受

第六课

(四)教书先生为什么说自己能看见城里演戏?

二、词语训练

(一)朗读下面的句子,并学会用句中画线的词语说一句话:

1. 见了鱼和肉,我连命也不要了!
2. 你要是不花钱把酒买来,那才是真本事呢!
3. 怎么,今天太阳从西边出来啦?你家也请客啦?
4. 要是让我家主人请客,得等到下辈子!
5. 这儿离城里远着呢!
6. 财主气炸了肺:"这酒瓶是空的,叫我尝什么?"
7. 有个财主觉得自己比谁都聪明。

(二)选择适当的词语填空:

一定 一直 一同 一共 一般

1. 您是老师?我( )以为您是我们班的学生呢。
2. 这几个代表团是( )来我们学校访问的。
3. 我( )好好学习,用最短的时间学好汉语。
4. 你晚上给我打电话吧,我( )晚上12点以后才睡。
5. 我这学期( )选了六门课。
6. 你顺着我手指的方向( )走,前面就是邮局。
7. 你的孩子( )几点放学?
8. 你买这些衣服( )花了多少钱?
9. 晚上我们( )去听音乐会,好吗?
10. 爬了一天山,你现在( )很累吧?

(三)从课文中找出适当的词语,替换下列句中带点的字:

1. 这孩子从小跟爷爷奶奶长大,到现在也不能离开他们。( )
2. 你让我去给他们劝架,这不是让我为难吗?( )
3. 我问他半天,可是他一句话也不说。( )
4. 让我们住在这么小的房间,真无法忍受!( )
5. 妈妈给孩子们讲过去的故事,孩子们都被迷住了。( )

6. 本来是个好球,裁判却说是犯规,队员们一个个非常生气。(　　)

7. 他很有钱,可是非常小气。(　　)

8. 我忘了给你买生日礼物了,实在对不起。(　　)

(四) 选词填空:

　　　　A. 招待　　　　B. 接待

1. 他买了不少酒菜(　　)老朋友。

2. 张教授在自己的书房里(　　)了报社的记者。

3. 这次我们(　　)不周,请多原谅。

4. 这间会客厅曾经(　　)过几十个国家和政党的首脑。

　　　　A. 恰巧　　　　B. 正好

5. 你来得(　　),我们正说要去找你呢!

6. 好不容易找到他的家,(　　)他又看电影去了。

7. 这双鞋不大不小,(　　)。

8. 他和他女朋友的生日(　　)都是9月28号。

　　　　A. 另外　　　　B. 另

9. 爸爸买了一台收录机,(　　)还买了十几盘磁带。

10. 你们几个先去工作吧,别的人(　　)有安排。

11. 我们几个先坐火车去,(　　)的人明天坐飞机去。

12. 你明天下午3点来找我,(　　),请你顺便通知小张一起来。

13. 刚才和你谈话的是秘书,(　　)一位才是公司的总经理。

(五) 给下列句中画线的词语选择合适的义项:

1. A. 不停地滚动　B. 围着某物移动　C. 闲逛

①我刚才到附近的商场里转了转。

②地球围着太阳转。

③车轮怎么不转了?

2. A. 像雪一样的颜色　B. 没有加上什么东西的
　　C. 没有效果的　　　D. 不花钱的

①她就喜欢到别人家里白吃白喝。

②那家商店现在在装修,不营业,我白去一趟。

③用我们的化妆品,会使你的皮肤更白更美。

④这不是雪碧,是白开水。

3. A. 不可改变的　B. 平静　C. 订购　D. 制订、做出

①对手太强,我们这场比赛输定了。

②你先定个计划交上来,我们再研究研究。

③厂长派老王去上海定一批货。

④孩子到现在都去向不明,我的心怎么能定得下来?

4. A. 手向下拿着　B. 指出　C. 谈到　D. 取出

①我今天去火车站提货。

②提起家乡来,奶奶就有说不完的话。

③我们想给老师提个建议。

④他力气真大,手里提着六七件行李。

三、阅读知识及练习

汉语词语中的前缀与后缀

我们先看下面由"头"组成的两组词语:

第一组:

(1) 名词+头

| 山头 | 鼻头 | 铅笔头 | 床头 |

(2) 动词+头

| 摇头 | 梳头 | 回头 | 点头 |

第二组:

(1) 名词+头

| 木头 | 石头 | 枕头 | 舌头 |

(2) 动词+头

| 想头 | 赚头 | 听头 | 念头 |

这两组词语都是由名词或动词加上"头"组成的,但是"头"在词语中的意义却完全不同。第一组里面的"头",都具有实际意义,或表示人或动物的脑袋;或表示人的头发或发型;或表示事物的顶端;或表示事物残余的部

分。而第二组里面的"头",无论是在名词还是动词后面,都不具有独立的词汇意义,它们是附加在名词、动词或形容词的后面才起到一定的构词作用。类似第二组中"头"这样的语素我们称之为词缀,用在有实际意义的词语后面的,我们叫做"后缀",或者叫做"词尾";用在有实际意义的词语前面的,我们叫做"前缀",或者叫做"词头"。了解这一语言现象,对我们快速阅读是很有帮助的。

关于汉语中的前缀与后缀,举例如下:

前缀(词头)

例字	释义	举例
老	放在指人或动物的名词前,构成名词。	老百姓 老鼠 老虎 老鹰
	放在单音姓氏前,用作称呼,语气比直呼姓名亲切。	老王 老李
	放在二到十的数字前,表示兄弟的排行。	老大 老三
阿	用在排行、小名或姓的前面,有亲昵的意味。	阿三 阿宝 阿唐
	用在某些亲属名称的前面。	阿爸 阿哥 阿婆
第	加在整数的前边,表示次序。	第一 第二次 第八中学
可	可+动词,表示可以、应该。构成形容词。	可喜 可爱 可怕 可疑 可惜 可恨极了
	可+名词,表示适合。	可体 可口 可意
非	表示不属于某种范围。	非会员 非卖品 非正常情况 非生物体
初	加在"一"至"十"的前面,表示农历一个月前十天的次序。	初一 五月初五 七月初十
反	表示颠倒,方向相反。	反作用 反比例 反义 反对
	表示回、还。	反光 反应 反问 反抗
准	表示虽不够标准还可以当做某种事物看待。也可以临时用在某一名词前,表示不是标准的,典型的。	准将 准高级汉语 准宾语 准大学生

第六课

后缀(词尾)

子	加在名词、动词、形容词性成分后面,构成名词。	桌子 帽子 筷子 刀子 个子 胖子 尖子 梳子
儿	加在名词性成分或其它成分后面,构成名词。读时与前面合成一个音节,叫做"儿化"。	冰棍儿 馅儿 壶嘴儿 片儿汤 一对儿 锅盖儿 玩儿 火儿
头	加在名词、动词、形容词性成分后面,构成名词。	馒头 罐头 准头 嚼头 有看头 上头 外头
们	用在代词和指人名词的后边,表示多数。	我们 他们 老乡们 弟兄们 孩子们 爷爷奶奶们
家	表示在某种学问的研究中或在某种活动中有成就的人。	数学家 理论家 音乐家 作家 旅行家 专家
	经营某种行业的。	船家 店家 农家
	专指春秋战国时期的学术流派。	法家 儒家 道家
	用在指人的名词后面,表示属于那一种人。	老人家 姑娘家 小孩子家
者	表示有某种信仰、从事某种工作或者有某种特性的人。构成名词。	作者 记者 弱者 胜利者
	指代事物或人。	前者比后者重要 二者必居其一

练习 Exercises

(一) 朗读下面的句子,看看画线部分是否是带有前缀的词语:

1. 他是我的<u>老朋友</u>。
2. <u>老张</u>今天身体不舒服,去医院了。
3. <u>阿姨</u>,您的钱包掉在车上了。
4. 我<u>可以</u>到您的班听课吗?
5. 你怎么把我看成她了?真<u>可笑</u>!
6. <u>非司机</u>禁止开车。
7. 早上我<u>似醒非醒</u>的时候,听到有人喊着火了。

8. 我在<u>初级</u>五班学习。

9. 我这是<u>第八次</u>来北京了。

10. 不管你怎么说,<u>反正</u>我不信。

11. 他打了我,却<u>反咬</u>一口,说我先打他。

12. 我们学的是《<u>准中级</u>汉语课本》。

13. 明天就考试了,你怎么还没<u>准备</u>?

14. 你看见<u>小王</u>了吗?

(二) 找出带有后缀的词语:

男子　托儿所　画画儿　回家　光头　歌星　纪念品　入迷

里头　文学家　失败者　儿子　肚子　球迷　北斗星　小品

第七课

一、课文阅读与理解

借 牛

古时候,有个财主,家里很有钱,可他不识字。有一天,他正坐在客厅和客人聊天儿,邻居家的用人拿着主人写的借条前来借牛。财主接过条子,不知道条子上写的是什么。他不愿意让客人知道他不识字,于是装模作样地把条子上上下下仔细看了一遍,然后对那个用人说:"这事儿我知道了,你先回去吧!待会儿送走客人,我自己会去的。"

 生词 New Words

1. 借　　　　（动）　　　jiè　　　　borrow
2. 识字　　　　　　　　　shí zì　　　know a character

3. 客厅	（名）	kètīng	drawing room
4. 借条	（名）	jiètiáo	receipt for a loan
5. 接	（动）	jiē	take
6. 条子	（名）	tiáozi	note
7. 于是	（连）	yúshì	so
8. 装模作样		zhuāngmú zuòyàng	pun on an act
9. 仔细	（形）	zǐxì	careful
10. 待会儿		dāi huìr	a while later

（一）根据课文,下面哪句话是正确的?

A. 财主是个不识字的有钱人。

B. 财主不愿意让用人知道自己不识字。

C. 财主不愿意把牛借给别人。

D. 财主说自己会去邻居家还牛。

（二）财主说"这事儿我知道了,你先回去吧",他真的知道借条的内容了吗?从课文的什么地方可以看出来?

（三）财主说"待会儿送走客人,我自己会去的",会让人产生什么误会?

写文章与生孩子

一个秀才准备去城里参加考试,整天在家里练习写文章。他每天写呀,写呀,怎么也写不出一篇像样的文章,急得唉声叹气。他的老婆在一边关切地问他:"你不是读过好几年书吗?怎么写篇文章就这么费劲呢?"秀才没好气地对老婆说:"你懂什么!写文

第七课

章可难了。"老婆笑着说:"写文章再难,也没有我们女人生孩子难吧?"秀才气哼哼地说:"写文章比你们生孩子难多了!你们女人生孩子,只要肚子里有了就能生出来;而我,肚子里倒是有一大堆文章,可都是别人的,我怎么写得出来?"

生词 New Words

1. 与	(连)	yǔ	and
2. 秀才	(名)	xiùcai	scholar, xiucai
3. 整天	(名)	zhěngtiān	all day
4. 像样		xiàngyàng	presentable; up to the mark
5. 唉声叹气		āishēng tànqì	sigh in despair
6. 关切	(形)	guānqiè	show concern over
7. 费劲		fèi jìn	need or use great effort
8. 没好气		méi hǎoqì	be of a cantankerous disposition; petulantly
9. 气哼哼		qìhēnghēng	angry with snort
10. 肚子	(名)	dùzi	the pudding house; belly
11. 而	(连)	ér	whereas; yet
12. 倒是	(副)	dàoshì	indicates concession; points out the positive aspect of sth. while what follows emphasizes the negative aspect.
13. (一)堆	(量)	(yì)duī	a pile of

81

 阅读理解

(一) 下面哪句话是不符合课文原意的？

　　A. 秀才读了好几年书却一篇文章也没写出来。

　　B. 秀才觉得写文章比女人生孩子难。

　　C. 秀才的老婆认为写文章不比女人生孩子难。

　　D. 秀才觉得老婆不懂怎样写文章。

(二) "而我"中的"而"和下面哪句话中的"而"意思相同？

　　A. 她那美丽而动人的眼睛，好像晚上明媚的月亮。

　　B. 这孩子过去学习多努力，而现在呢，整天泡在网吧里。

　　C. 我们一直为考上北京大学而努力。

　　D. 你是为孩子考试作弊之事而来吧？

(三) 秀才为什么写不出像样的文章来？

郑人买鞋

　　古时候，郑国有个人准备到市场上去买鞋。他在家量好了自己脚的尺码，可出门时却忘了把尺码带在身上了。到了市场上，他拿起一双自己看中的鞋时，才发现尺码落在家里了。于是，他把鞋还给鞋商，急忙赶回家去取。等他气喘吁吁地拿着尺码跑回市场的时候，天已经黑了，市场早就关

第七课

门了。

他的朋友听说了这件事,不解地问他:"你为什么不用自己的脚去试一试鞋的大小呢?"他很认真地对朋友说:"我宁可相信尺码,也绝不相信自己的脚。"

生词 New Words

1. 量	(动)	liáng		to measure
2. 尺码	(名)	chǐmǎ		size
3. 市场	(名)	shìchǎng		market
4. 看中		kàn zhòng		settle one's eye on
5. 落	(动)	là		leave something behind
6. 还	(动)	huán		return
7. 鞋商	(名)	xiéshāng		shoe-seller
8. 赶	(动)	gǎn		rush for
9. 气喘吁吁		qìchuǎnxūxū		be breathless
10. 关门		guān mén		shutdown
11. 不解	(形)	bùjiě		be puzzled; not understand
12. 认真	(形)	rènzhēn		earnest; serious
13. 宁可……也不……	(连)	nìngkě...yě bù...		would rather...than...
14. 相信	(动)	xiāngxìn		believe
15. 绝	(副)	jué		absolutely

阅读理解

(一) 关于郑人,判断正误:

    A. 他是一个非常认真的人。

    B. 他把鞋的尺码丢了,所以没买鞋。

C. 他把鞋还给鞋商,回家取尺码。

D. 他跑回家拿了尺码才买到了鞋。

(二)"发现尺码落在家里了"中的"落"和下面哪句话中的"落"意思相同?

A. 你再好好想想,书包到底落在什么地方了?

B. 飞机从天空中落下来了。

C. 这部电视剧很感人,看了让人落泪。

D. 这里落了两个字。

(三)郑人为什么要跑回家取尺码?

(四)这篇课文讽刺了哪一种人?

阅读 4

懒儿子

有一对夫妇,结婚二十年才生下一个儿子。他们把儿子当做掌上明珠,什么事都不让孩子自己做。结果,孩子长到十岁,整天饭来张口,衣来伸手,连吃饭穿衣都不会。

有一天,夫妇二人要出远门,四五天以后才能回来。他们怕儿子挨饿,就烙了一张很大很大的饼,足够孩子吃四五天的,然后在大饼的中间掏一个洞,把饼套在儿子的脖子上,再三嘱咐他:饿了就低头吃饼。

五天以后,夫妇俩办完事,急匆匆赶回家。进门一看,万分吃惊:只见儿子一动不动地躺在地上;那张套在他脖子上的饼,只咬掉了嘴边的一小块。

第七课

生词 New Words

1. 懒	（形）	lǎn	lazy
2. 当做	（动）	dàngzuò	regard as; treat as
3. 掌上明珠		zhǎngshàngmíngzhū	a pearl on the palm
4. 伸	（动）	shēn	stretch forth one's hand
5. 出远门		chū yuǎnmén	go on a long journey
6. 挨饿		ái'è	suffer from hunger
7. 烙	（动）	lào	bake
8. 饼	（名）	bǐng	pancake
9. 足够	（动）	zúgòu	enough; ample
10. 洞	（名）	dòng	hollow
11. 套	（动）	tào	cover with; slip on
12. 脖子	（名）	bózi	neck
13. 再三	（副）	zàisān	over and over
14. 急匆匆	（形）	jícōngcōng	in a hurry
15. 万分	（副）	wànfēn	extremely
16. 一动不动		yídòngbúdòng	motionless
17. 咬	（动）	yǎo	bite

阅读理解

（一）根据课文，下面哪句话是正确的？

    A. 孩子已经二十岁了。

    B. 孩子到现在也离不开父母。

    C. 孩子不喜欢吃饼。

D. 夫妇俩出远门是为了锻炼儿子自己生活的能力。

(二) "把饼套在儿子的脖子上"中的"套"和下面哪句话中的"套"意思相同?

A. 她穿了一套很新潮的西装。

B. 你这副手套是在哪儿买的?

C. 你别想和我套近乎,我不会答应你。

D. 我昨天玩儿套圈儿游戏,得到了好几个奖品。

(三) "饭来张口,衣来伸手"是指什么人?

二、词语训练

(一) 给下面带点的多音字注音:

1. 请量(　　)一下这条路有多长。
2. 这种家具的质量(　　)很好,买的人很多。
3. 我的酒量(　　)小,不能再喝了,再喝就醉了。
4. 他的妻子没有工作,每天在家看(　　)孩子。
5. 我今天身体不舒服,想去医院看(　　)大夫。
6. 你看(　　)我的主意怎么样?
7. 漂亮倒(　　)是漂亮,可是价钱贵了点儿。
8. 大风把大树都刮倒(　　)了。
9. 你先坐15路,到动物园倒(　　)19路汽车。
10. 那本书我早就还(　　)给他了。
11. 去年我还(　　)给他买了一身西服呢。
12. 你什么时候也学会讨价还(　　)价了?

(二) 选择适当的单音节动词填空:

　　咬　挨　借　接　赶　伸

1. 我们昨天没完成作业,(　　)老师的批评了。
2. 你必须今天晚上(　　)回来。
3. 我前天才(　　)到你的来信。
4. 你离狗远点儿,当心它(　　)你!
5. 对不起,你要的书我(　　)给同学了。

第 七 课

6. 别什么事都向我( )手,要自己想办法。

(三) 把下面词语中的动词、形容词和副词分别排列在下面:

相信 当做 万分 关切 嘱咐 足够 再三 仔细 倒是

动 词			
形容词			
副 词			

(四) 用括号里的词语完成句子:

1. 孩子出了车祸,_____。(万分)
2. 今天家里要来一位重要的客人,_____。(像样)
3. 看见妈妈回来了,_____。(装模作样)
4. _____,可是我带的钱不够。(看中)
5. 她知道自己做错了,_____。(再三)
6. _____,可是我还是有很多题不会做。(倒是)
7. 这次实习是个好机会,_____。(当做)
8. _____,也不和那样的人结婚。(宁可)

(五) 选词填空:

1. 听说自己被北京大学录取了,他心里激动( )。 (万分、十分)
2. 工作不错,但我对这里的工作条件还不( )满意。(万分、十分)
3. 我们对这一事件深表( )。 (关切、关心)
4. 谢谢您对我的( )。 (关切、关心)
5. 你这么做是( )不讨好,他不会听你的。 (费劲、费力)
6. 我说了半天他一句也没听进去,白( )了。 (费劲、费力)

三、阅读知识及练习

数字连用在固定格式中的特殊意义

当你看到"你怎么和这种不三不四的人来往?"这句话,你能猜出"不三不四"的意思吗?你知道它是褒义还是贬义吗?没有学过这个词语的人是很

难猜到的。其实这个词语的构成是有一定的规律的。关键就在于你是否掌握了"……三……四"这一固定格式的意义。在汉语的固定格式中,"……三……四"常用在意思相同或相近的词语后面,带有贬义。比如"低三下四"、"丢三落四"、"说三道四"、"颠三倒四"、"挑三拣四"、"调三窝四"、"推三阻四"等等。掌握了这一规律,你就知道,"不三不四"一定是个贬义词,"不三不四的人"一定是一个坏人了。

这种数字连用且有规律可循的固定格式还有很多,例如:

1. 七……八……

在数字"七"和"八"后面嵌入名词或动词(包括语素),表示多或多而杂乱。比如"七手八脚"、"七嘴八舌"、"七拼八凑"、"七颠八倒"、"七零八落"、"七折八扣"、"七扭八歪""七上八下"等等。

"七……八……"还有另外两种格式:一是"……七……八",比如"横七竖八"、"杂七杂八"、"歪七扭八"等等;还有一种是"……七八……",比如:"乱七八糟"、"乌七八糟"、"零七八碎"等等。

2. 三……五……

"三……五……"有两种义项,一是与表示次数多,比如"三番五次"、"三令五申"等等;一是表示表示不太大的大概数量,如"三年五载"等。

3. 一……二……

"一"和"二"分别加在某些双音节形容词的两个语素前面,表示强调,比如"一干二净"、"一清二楚"、"一清二白"等等。

4. 一……一……

(1) 分别用在两个同类的名词或语素前面,表示整个,比如"一心一意"、"一生一世"等;有时也表示数量极少,比如"一针一线"、"一草一木"、"一言一行"等等。

(2) 分别用在两个同类的动词前面,表示动作的连续,比如"一瘸一拐"、"一扭一歪"等。

(3) 分别用在相对的动词前面,表示两方面的行动协调配合或两种动作交替进行,比如"一问一答"、"一唱一和"、"一张一弛"、"一起一落"等等。

(4) 分别用在相反的方位词、形容词等的前面,表示相反的方位或情况,比如"一上一下"、"一东一西"、"一长一短"等等。

5. 百……百……

表示无一例外,比如"百发百中"、"百战百胜"、"百依百顺"等等。

6. 千……百……

表示次数或种类多,比如"千奇百怪"、"千锤百炼"、"千方百计"等等。

7. 千……万……

(1) 形容非常多,比如"千山万水"、"千军万马"、"千秋万岁"、"千变万化"、"千差万别"、"千头万绪"、"千丝万缕"、"千言万语"、"千呼万唤"、"千辛万苦"等等。

(2) 表示强调,比如"千真万确"、"千难万难"等等。

练习 Exercises

猜测下列句子中画线词语的意思,然后查字典看看自己的猜测是否准确:

1. 你有什么意见当面提出来,别在背后说三道四。
2. 孩子走后,一个多星期没消息,弄得我心里七上八下的,总不安稳。
3. 学校三令五申,不许学生在学校里面做生意,你怎么说不知道?
4. 你心里是怎么想的,我知道得一清二楚,你骗不了我!
5. 我对天发誓,一生一世永远爱你,永不变心。
6. 听说你的箭射得很准,百发百中。
7. 这话是我亲耳听到的,千真万确。
8. 我千方百计帮你申请到了奖学金,你怎么谢我?
9. 终于见到了自己崇拜的歌星,心里有千言万语,竟一句也说不出来。
10. 爱护公园的一草一木。

第八课

一、课文阅读与理解

聪明的小明

五岁的小明参加智力竞赛得了奖,有个记者去采访他。

"小明,大家都说你比别的孩子聪明,可我不相信,除非你能把我从屋里骗到屋外去。"记者对小明说。

"哎呀,那可不行!我妈妈知道了会批评我的。您还是先和我妈妈商量一下儿吧!"小明回答说。

"你妈妈在哪儿?"记者问。

"在隔壁房间里。"

记者向屋外走去,刚走出屋门,就听小明在屋里笑了起来。记者回过头来,只见小明笑着对他说:"叔叔!您已经走出这个屋了!"

 生 词 New Words

1. 智力竞赛　　zhìlì jìngsài　　intelligence competition
2. 得奖　　　　dé jiǎng　　　　win a prize
3. 记者　（名）jìzhě　　　　　 reporter
4. 采访　（动）cǎifǎng　　　　 to cover(news);to be on

第八课

			assignment(for a newspaper)
5. 除非	（连）	chúfēi	except
6. 骗	（动）	piàn	cheat
7. 还是	（副）	huáishì	indicates a relatively satisfactory choice after a comparison
8. 商量	（动）	shāngliang	talk over, discuss
9. 隔壁	（名）	gébì	next door

阅读理解

（一）根据本文，下面哪句话的内容课文中没有提到？

    A. 记者对小明的聪明表示怀疑。

    B. 记者想考一考小明，看看他是不是真的聪明。

    C. 记者想去和小明的妈妈商量。

    D. 小明把记者骗出屋子，受到妈妈的批评。

（二）小明为什么在屋里笑了起来？

（三）"我不相信，除非你能把我从屋里骗到屋外去"的意思是：

    A. 我不相信你会骗人。

    B. 你能把我骗出这个屋子我才相信。

    C. 你不可能把我骗出这个屋子。

    D. 我不相信你能把我骗出这个屋子。

（四）什么是"智力竞赛"？你参加过智力竞赛吗？

 阅读 2

机智的回答

孔融是汉朝有名的文学家，他六七岁的时候就聪明过人。许

多有才学的大官出各种各样的难题考他,都没有把他难住。有一次,孔融参加了一个宴会。在宴会上,孔融机智地回答了几个人出的难题,受到很多在场官员的称赞。大家都说他长大以后一定有出息。有一位大官见大家都捧这个六七岁的孩子,心里很不服气,便对大家说:"依我看,小时候聪明的人,长大以后不一定聪明。"孔融听了,马上接过话来,对他说:"我想,您小时候一定非常聪明。"

 生 词 New Words

1. 机智	（形）	jīzhì	clever
2. 文学家	（名）	wénxuéjiā	man of letters, writer
3. 聪明过人		cōngmíng guòrén	extraordinarily intelligent
4. 有才学		yǒu cáixué	be gifted with talent
5. 大官	（名）	dàguān	high-ranking official
6. 宴会	（名）	yànhuì	banquet
7. 受到	（动）	shòudào	be received
8. 在场		zàichǎng	be present; be on the scene
9. 官员	（名）	guānyuán	official
10. 有出息		yǒu chūxi	promising
11. 捧	（动）	pěng	flatter
12. 服气	（动）	fúqì	be convinced
13. 依我看		yī wǒ kàn	in my opinion

第 八 课

注　释

孔融(Kǒng Róng)

汉朝末年的文学家,他写的散文多含讽刺之辞,文笔简洁锋利,后因触怒曹操,被杀。

Kong Rong a writer in the late Han Dynasty. Most of his writings have sharp, pithy and satirical styles. He was later murdered by Cao Cao, because he made Cao Cao very infuriated.

阅读理解

(一)下面哪句话没有表达课文的原意？

　　A. 孔融从小就非常聪明。

　　B. 大家提出的难题都没有把孔融难住。

　　C. 很多官员都说孔融长大以后一定有出息。

　　D. 有一个官员说自己小时候比孔融更聪明。

(二)"聪明过人"中的"过"和下面哪句话中的"过"的意思相近？

　　A. 他带球连过了三个人,把球踢进了球门。

　　B. 过了前面的小桥就到了。

　　C. 咱们的儿子过了年就上班了。

　　D. 这商品已经过期了。

(三)"不一定聪明"的意思是:

　　A. 一定不聪明　　　B. 不可能聪明

　　C. 一定很聪明　　　D. 可能聪明也可能不聪明

(四)孔融说"我想,您小时候一定非常聪明"的含义是什么？

贼说话

有一个贼,夜里钻进一户人家去偷东西,谁知这家很穷,屋里空空的,除了床头放着的一坛米,没什么可偷的。这个贼心里琢磨:来了,就不能空手回去,这坛米拿回去也够吃几天的。于是,他抱起坛子,可坛子太重,怎么办?贼眼珠一转,想出一个办法。他放下坛子,把衣服脱下来铺在地上,想把米倒在衣服上,包好以后带走。就在这时,正在睡觉的男主人醒了,他听到声音,仔细一看,见贼把衣服铺在地上要偷米,便伸手把贼的衣服拿了过来,放进被窝儿里。贼抱起坛子,把米倒了出来,伸手去摸衣服,这才发现米都倒在地上,衣服却不见了,忍不住"嗯"了一声,这下儿

把女主人也惊醒了。她一推丈夫:"快起来!屋里有贼!"丈夫一翻身:"快睡吧!没贼。"那贼不由自主地开了口:"怎么没贼?我的衣服刚脱在地上就不见了。"

生 词　New Words

1. 贼　　　（名）　zéi　　　thief
2. (一)户　（量）　(yí)hù　　measure word for household
3. 人家　　（名）　rénjiā　　household

第 八 课

4. 偷	（动）	tōu		steal
5. (一)坛	（量）	(yì)tán		measure word (an earthen jar)
6. 空手		kōng shǒu		empty-handed
7. 坛子	（名）	tánzi		jar
8. 脱	（动）	tuō		take off
9. 铺	（动）	pū		spread
10. 被窝儿	（名）	bèiwōr		a quilt folded to make a sleeping bag
11. 摸	（动）	mō		feel; touch
12. 忍不住		rěnbuzhù		cannot help doing sth.
13. 嗯	（叹）	ńg		What happened?
14. 惊醒		jīngxǐng		wake with a start
15. 推	（动）	tuī		push
16. 翻身		fān shēn		turn over
17. 不由自主		bùyóuzìzhǔ		cannot restrain oneself

阅读理解

（一）根据课文内容，判断正误：

    A. 贼偷走了这户人家的一坛米。

    B. 贼是用衣服把米包起来偷走的。

    C. 贼的衣服被男主人拿走了。

    D. 男主人不相信屋子里有贼。

（二）"钻进一户人家去偷东西"中的"人家"和下面哪句话中的"人家"的意思相同？

    A. 你应该向人家小王学习。

    B. 这种东西，我们普通人家可买不起。

    C. 他家闺女已经有人家了。

    D. 妈，人家已经不是小孩子了，您就别管那么多了。

（三）贼为什么说话？

(四) 想像这段故事的结局。

致富窍门

李二是个鸽子迷,他一天到晚什么正经事也不做,就知道玩鸽子,家里的钱都花在鸽子身上了。他家的日子过得很穷。

这两年,村里的人们发现,李二家忽然变得阔气了,家具一件件更新,身上穿的衣服也越来越时髦。最让人吃惊的是,有人发现他手上多了一个很大很大的金戒指。

一个平时和他要好的朋友忍不住跑去问他,可他对自己的"致富窍门"却闭口不谈,直到朋友花钱请他吃了一顿,他才颇为神秘地对朋友说:"我只告诉你一个人,你可千万别告诉别人。实话对你说,我每月进一趟城,去卖鸽子,我是靠卖鸽子发的财。"

朋友听了,更觉得奇怪:"我看你就这么几只鸽子,没见增多,也没见减少哇!"李二得意洋洋地说:"我卖的就是这几只鸽子,可每次它们都飞回来了。"

生词 New Words

1. 致富　　(动)　　zhìfù　　become rich
2. 窍门　　(名)　　qiàomén　　trick

第八课

3. 鸽子	（名）	gēzi		pigeon
4. 迷	（名）	mí		fan
5. 正经	（形）	zhèngjing		official; standard
6. 阔气	（形）	kuòqì		luxurious
7. 家具	（名）	jiājù		furniture
8. 更新	（动）	gēngxīn		renew
9. 时髦	（形）	shímáo		fashionable
10. 戒指	（名）	jièzhi		finger-ring
11. 要好	（形）	yàohǎo		be on good terms
12. 闭口不谈		bìkǒu bùtán		refuse to say anything
13. 颇为神秘		pōwéi shénmì		mysteriously
14. 实话	（名）	shíhuà		truth
15. (一)趟	（量）	(yí)tàng		measure word for a trip
16. 靠	（介）	kào		depend on
17. 发财		fā cái		make a fortune
18. 增多	（动）	zēngduō		increase
19. 减少	（动）	jiǎnshǎo		decrease
20. 得意洋洋		déyì yángyáng		immensely proud, look triumphant

阅读理解

（一）根据课文内容，判断正误：

　　A. 李二喜欢养鸽子。

　　B. 人们对李二忽然变得阔气起来感到吃惊。

　　C. 李二家的鸽子很多，他靠卖鸽子发了财。

　　D. 李二每月到城里去卖一次鸽子。

（二）"一天到晚"的意思是：

　　A. 每天晚上　　　B. 整天

C. 一天晚上　　　D. 一整天

(三) 说说李二的致富窍门是什么？

(四) 你对李二的致富窍门怎么看？

二、词语训练

(一) 朗读下面的句子,并学会用句中画线的词语说一句话：

1. 大家都说你比别的孩子聪明,可我不相信,<u>除非</u>你能把我从屋里骗到屋外去。

2. "您还是先和我妈妈<u>商量</u>一下儿吧！"小明回答说。

3. (贼)发现米都倒在地上,衣服却不见了,<u>忍不住</u>"嗯"了一声。

4. <u>依我看</u>,小时候聪明的人,长大以后不一定聪明。

5. 那贼<u>不由自主</u>地开了口："怎么没贼？我的衣服刚脱在地上就不见了。"

6. 李二<u>得意洋洋</u>地说："我卖的就是这几只鸽子,可每次它们都飞回来了。"

(二) 给下面带点的字注音：

1. 那个司机好像喝多了,开着车冲(　　)着我们就撞过来了。

2. 洪水把河边的房屋都冲(　　)倒了。

3. 你说她偷了别人的钱包？我不相(　　)信！

4. 他新买了一架数码相(　　)机。

5. 前方正在铺(　　)路,车辆请绕行。

6. 你去楼下的小铺(　　)买一瓶醋。

(三) 选择适当的形容词填空：

　　机智　正经　阔气　时髦　奇怪　狡猾　吝啬

1. 有什么好吃的拿出来大家一起吃吧,别那么(　　)。

2. 吃一顿饭花那么多钱！你可真(　　)。

3. 买衣服还是要选择舒适一些的,别去追求(　　)。

4. 你也找个(　　)的工作干干,别整天泡网吧。

5. 他是个(　　)勇敢的小伙子,什么事都难不倒他。

6. 他很(　　),不会上你的当的。

7. 从那间很久没人住的房间里,发出几声(　　)的声音。

(四) 从课文中找出相应的单音节动词填空:

1. 我不相信,你(　　)不了我。

2. 那位女歌星是让这个公司(　　)红的。

3. 自行车被人(　　)了,只好再买一辆。

4. 天热,把外衣(　　)下来吧。

5. 汽车走不动了,你们下车帮着(　　)一下。

6. 被褥都(　　)好了,快去睡吧。

(五) 从课文中找出下列词语的反义词:

怀疑(　　) 愚蠢(　　) 贫穷(　　)

增多(　　) 假话(　　) 开口(　　)

三、阅读知识及练习

形容词的ABB表现形式

当我们阅读一些文章特别是一些文学作品时,会发现一些单音节形容词在修饰其他词语时,往往在形容词后,带双音后缀,构成ABB的形式。请看下面的句子:

1. 这孩子长着一张<u>胖乎乎</u>的小脸,怪讨人喜欢的。

2. 那个人<u>恶狠狠</u>地打了我一巴掌。

3. 你做事总是这么<u>慢腾腾</u>的,真让人着急。

4. 本来想让大家高兴高兴,谁知这晚会让你们搞得<u>冷清清</u>的。

上面这些句子中画线的词语,就是典型的形容词ABB表现形式。这里面的A一般是单音节形容词,是词语的主干,后面的BB是后缀,用生动的形象形容事物的样子。比如"恶狠狠"就是形容"那个人"很凶的样子。

单音节形容词A和后缀BB的搭配是习惯性的。不同的地区、不同的人所用的后缀词语也各有不同。有些人为了写出自己的某种感受,还可以自造。另外,在修饰不同的事物时,人们所用的BB也有区别。比如,都是"黑"的后缀,形容黑而发亮的事物,人们用"黑油油",像"黑油油的头发";形容

密集的人群,人们用"黑压压";形容光线昏暗,看不清楚,用"黑蒙蒙";形容某一空间黑,则用"黑洞洞"等等。

有些BB可以加在不同的A后面,比如"洋洋",可以构成"喜洋洋"、"懒洋洋"、"暖洋洋"等等。

ABB形式中的A大都是形容词,但是少数名词或动词也能带BB构成ABB形式,比如:"水汪汪的大眼睛"、"笑眯眯地看着我"等等。

掌握形容词ABB形式的特点,对我们快速阅读会有很大帮助。我们只要知道A的含义,就能够猜出ABB的整体意思来。

 练习 Exercises

(一) 下面是一些常用的ABB词语,你能猜出它们是修饰什么的吗?

臭烘烘　孤零零　鼓囊囊　红彤彤　灰蒙蒙　急匆匆
金灿灿　静悄悄　乐呵呵　泪汪汪　冷冰冰　凉丝丝
绿油油　乱哄哄　怒冲冲　气乎乎　热腾腾　傻呵呵
湿淋淋　酸溜溜　甜蜜蜜　香喷喷　笑嘻嘻　血淋淋

(二) 选词填空:

矮墩墩　沉甸甸　短撅撅　黄澄澄　空荡荡
乱糟糟　暖烘烘　软绵绵　冷冰冰　油腻腻

1. 这个菜＿＿＿＿＿的,我实在吃不下去。

2. 她拿了两个＿＿＿＿＿的橘子,硬是塞在我的手里。

3. 老板＿＿＿＿＿地看着我,一句话也不说。

4. 外面很冷,可是屋子里却＿＿＿＿＿的。

5. 你别看他个子＿＿＿＿＿的,咱们打篮球谁也打不过他。

6. 房间里＿＿＿＿＿的,东西扔了一地,好像被人偷过。

7. 你买的这叫什么衣服?＿＿＿＿＿的,肚皮都露出来了。

8. 校园里＿＿＿＿＿的,一个人也没有。

9. 他手里拿着两件＿＿＿＿＿的行李,费力地爬上楼来。

10. 现在不发烧了,可是身子还是＿＿＿＿＿的,一点力气都没有。

第九课

一、课文阅读与理解

 阅读 1

您有多少朋友?

有个县来了一位新县官。从他上任的第一天起,就不断有人提着礼物到他家来拜访。有人对新县官说:"您的朋友真不少哇,每天都有人来看您。您能不能告诉我,您在本地有多少朋友?"新县官听后笑了笑说:"这个数字连我也不清楚。你有空儿替我问问前任县官吧,我想他会比我清楚。"

 生词 New Words

1. 县　　　（名）　　xiàn　　　　county
2. 县官　　（名）　　xiànguān　　county magistrate
3. 上任　　　　　　　shàng rèn　　take up an official post
4. 从……起　　　　　cóng...qǐ　　from...on
5. 不断　　（副）　　búduàn　　　constantly
6. 礼物　　（名）　　lǐwù　　　　gift

7. 拜访	（动）	bàifǎng	pay a visit
8. 本地	（名）	běndì	local
9. 有空儿		yǒukòngr	have spare time
10. 前任	（名）	qiánrèn	predecessor

（一）根据课文内容，判断正误：

    A. 新县官在本地有很多老朋友。

    B. 前任县官的亲戚都是新县官的朋友。

    C. 新县官有多少朋友只有前任县官知道。

    D. 来拜访新县官的不一定就是他的朋友。

（二）"连我也不清楚"是说：

    A. 没有比我清楚的   B. 别人比我清楚

    C. 别人不比我清楚   D. 我自己也不清楚

（三）为什么新县官不清楚他自己在本地有多少朋友，反而认为前任县官会清楚呢？

（四）这篇课文说明了一种什么社会现象？

夫人是属牛的

有位新县官上任，到任第三天，正是他的五十大寿。他在家中大摆宴席，并通知各家各户"自愿"送礼。

县里一些有钱的人家接到通知，便凑到一起，商量送礼的事。他们打听到新县官是属鼠的，便凑钱铸了个和真老鼠一样大小的金鼠，作为祝寿的礼物献了上去。新县官见了大喜，先是客

第九课

气一番,又一再表示谢意,最后漫不经心地说了句:"再过三天就是我夫人的生日了。你们知道她属什么吗?她是属牛的!"

生 词 New Words

1. 到任　　　　　　　dào rèn　　　　take up an official post
2. 大寿　　（名）　　dàshòu　　　　birthday
3. 宴席　　（名）　　yànxí　　　　　banquet
4. 通知　　（动）　　tōngzhī　　　　inform
5. 各家各户　　　　　gèjiā gèhù　　　every household
6. 自愿　　（动）　　zìyuàn　　　　be willing to;volunteer
7. 鼠　　　（名）　　shǔ　　　　　　mouse
8. 铸　　　（动）　　zhù　　　　　　cast
9. 作为　　（动、介）zuòwéi　　　　regard as; treat as
10. 献　　　（动）　　xiàn　　　　　present;donate;offer
11. (一)番　（量）　　(yì)fān　　　　a lot of(thanks)
12. 一再　　（副）　　yízài　　　　　time and again
13. 谢意　　（名）　　xièyì　　　　　thank
14. 漫不经心　　　　　mànbùjīngxīn　casual

注　释

属(shǔ)……的
中国用代表十二地支的十二种动物来记人的出生年,这十二种动物的

排列依次是鼠、牛、虎、兔、龙、蛇、马、羊、猴、鸡、狗、猪。鼠年即十二地支中的子年,在鼠年出生的人属鼠。

to be born in the year of... In China,twelve animals that symbolize the twelve Earthly Branches are used to refer to the years in which people are born.They are mouse, ox, tiger, rabbit, dragon, snake, horse, sheep, monkey, roaster, dog and pig.The year of mouse refers to the first year in the twelve Earthly Branches.To be born in this year means to be born in the year of mice.

(一)关于新县官,根据课文内容,判断正误:

A. 让全县的人为他祝寿。

B. 要求有钱人家"自愿"送礼。

C. 非常喜欢有钱人送来的祝寿礼物。

D. 希望在夫人生日的那天收到更好的礼物。

(二)"一再表示谢意"中的"一再"和下面哪句话中带点的词意思相近?

A. 这是我第二次来北京。

B. 让我们再一次向赞助我们演出的王先生表示感谢。

C. 她再三要求和我们一起去采访。

D. 你一次两次迟到我不说什么,不过以后可不要再迟到了。

(三)新县官为什么要把夫人的生日和属相告诉大家?

(四)新县官为什么要"漫不经心"地说出夫人的生日和属相?

不受贿

小赵工作已经好几年了,一直没有升职的机会。他想,也许给

第九课

领导送送礼会对自己的升职有帮助。他听说处长有个喜欢照相的儿子,一咬牙,花了五千多块钱买了一架数码相机,给李处长家送去。小赵特意把相机挎在身上,走进李处长家的门,立刻就被李处长的儿子盯住了,小赵忙摘下相机递到李处长儿子的手里,红着脸对李处长说:"早就听说您的儿子会照相,这相机……""不行!"小赵话没说完,李处长就打断他的话,从儿子手里拿过相机,还给小赵说,"这怎么行?你想让我犯错误吗?快拿回去!"小赵一见要坏事,忙转个弯子说:"处长,您误会了。这相机是我朋友他们厂生产的,厂里优惠职工,只收一千,比外边买便宜多了!我听说您儿子喜欢照相,就……"李处长一听,笑着道歉说:"对不起!我刚才冤枉你了。你这相机要是卖,我可以买。这相机不错,外边卖五千多呢!"说着,从钱包里掏出一千块钱,递到小赵手里:"咱们公事公办,钱可是一分也不能少收。哎!要是方便的话,你再帮我买俩!"

生 词 New Words

1.	受贿		shòu huì	accept bribes
2.	升职		shēng zhí	win promotion to a higher official position
3.	处长	(名)	chùzhǎng	section chief
4.	咬牙		yǎo yá	clench of the teeth
5.	(一)架	(量)	(yí)jià	for machines, aero plane, etc.

105

6. 数码相机		shùmǎ xiàngjī	digital camera
7. 特意	（副）	tèyì	for a special purpose; specially
8. 挎	（动）	kuà	carry on the arm, shoulder or at the waist
9. 盯	（动）	dīng	gaze at; stare at
10. 打断		dǎduàn	interrupt
11. 犯错误		fàn cuòwù	commit a mistake
12. 转弯子		zhuàn wānzi	mince one's words
13. 优惠	（形）	yōuhuì	preferential; favorable
14. 职工	（名）	zhígōng	employee
15. 冤枉	（动、形）	yuānwang	wrong; treat unjustly
16. 公事公办		gōngshì gōngbàn	do official business according to official principles

（一）根据课文，下面哪句话是正确的？

　　A. 处长是个不受贿的人。

　　B. 小赵的数码相机是从朋友的工厂买的。

　　C. 小赵希望通过送相机对自己升职有帮助。

　　D. 小赵的相机是优惠价买来的，才一千块。

（二）"转个弯子"的意思是：

　　A. 在原地转一个圈

　　B. 摇一摇头

　　C. 来回走了几步

　　D. 不直接说，换一种说法

（三）小赵的目的达到了吗？你想他会开心吗？

（四）处长是个怎么样的人？

第 九 课

阅读 4

一钱别救

古时候,有个出了名的吝啬人。有一天,他和儿子出门,路过一条河,河边有一条渡船,船夫热情地招呼他们乘船过河。可吝啬人舍不得花钱坐船,就打算蹚水过河。他对儿子说:"我先下去试试,要是水不深,我们就蹚过去吧!"说着,就往河的中心走去。谁知刚下过一场暴雨,水流很急,还没走几步,吝啬人就被冲倒了,顺着急流向下游漂去。他的儿子在岸边见了,急忙央求船夫驾船去救,船夫要一钱银子才肯去,可吝啬人的儿子只肯出一半儿,双方讨价还价,半天没有结果。吝啬人已被急流冲出很远,眼看就不行了,可他还拼命从水中探出头来,大声对儿子喊道:"儿子!只能出一半儿!他要是要一钱银子,就别让他救了!"

生词 New Words

1. 渡船	(名)	dùchuán	ferryboat
2. 船夫	(名)	chuánfū	boatman
3. 乘(船)	(动)	chéng(chuán)	take a boat

4. 蹚	(动)	tāng	wade
5. 暴雨	(名)	bàoyǔ	torrential rain
6. 水流	(名)	shuǐliú	flow of water
7. 急	(形)	jí	rapid
8. 冲	(动)	chōng	flush; rinse; pound
9. 顺	(介)	shùn	go along
10. 急流	(名)	jíliú	rapid flow
11. 下游	(名)	xiàyóu	lower reaches(of a river)
12. 漂	(动)	piāo	float
13. 岸边		ànbiān	bank
14. 央求	(动)	yāngqiú	beg
15. 驾(船)	(动)	jià(chuán)	sail a boat
16. 银子	(名)	yínzi	silver
17. 肯	(助动)	kěn	be willing to
18. 讨价还价		tǎojià huánjià	bargain
19. 眼看	(副)	yǎnkàn	in a moment
20. 探头		tàn tóu	stretch one's head out

注 释

一钱

重量单位,旧制十六两为一市斤(500克),十钱为一两,一钱等于三克多。

qian A unit of weight. In the old weight system, 16 liang equal to one Jin and ten qian equal to one liang. One qian equals to 3.2 grams.

阅 读 理 解

(一) 根据课文,下面哪句话是不正确的?

A. 吝啬人为了省钱蹚水过河,被急流冲倒了。

第九课

B. 吝啬人的儿子央求船夫下水救人。

C. 船夫要求救人以后给他一钱银子。

D. 吝啬人快被水冲走了还让儿子和船夫讨价还价。

(二)"眼看就不行了"在课文里的意思是：

　　A. 一看就知道不能这样　　B. 眼睛看着可是没有办法

　　C. 马上就要死了　　　　　D. 只用眼睛看是不行的

(三)"谁知刚下过一场暴雨"中的"谁知"意思是：

　　A. 谁都知道　B. 谁都不知道　C. 没想到　D. 没有人知道

(四)想像这段故事的结局。

二、词语训练

(一)选择适当的词语填在下面的括号里：

1. 我们国家的总统下个月要来(　　)中国。(拜访、访问)

2. 这件礼物我是(　　)买来送给你的。(特意、特别)

3. 我(　　)去那家超市买东西。(不断、经常)

4. 小区门口贴了一个(　　),说明天停电。(通知、告诉)

5. 她说的(　　)话感动了我。(一次、一番)

6. 我们用这小小的礼物表示我们的(　　)。(谢谢、谢意)

7. 谁都会有(　　),也不可能不犯(　　)。(缺点、错误)

(二)在下面句子的括号中填上适当的词语：

1. 我刚接(　　)通知就马上来了。

2. 他们几个凑(　　)一起就是打麻将。

3. 你把这盆花给隔壁的王大妈送(　　)。

4. 小偷一进小区立刻被保安盯(　　)了。

5. 自行车修(　　)了,你骑(　　)试试吧。

6. 海边的浪很大,一下子就把我冲(　　)了。

(三)选择适当的趋向词填空：

　　过去　出来　回去　上去　回来　下来　进去　起来

1. 我家的小狗昨天刚送人,今天自己跑(　　)了。

2. 这条河不太宽,你能游( )。

3. 老鼠一见人,马上飞快地钻( )洞( )。

4. 我们不能接受您的礼物,您还是拿( )吧。

5. 你不是说给我带了一个礼物吗?快拿( )吧。

6. 请求调动工作的报告已经递( )了,不知道什么时候能批( )。

7. 听了这个故事,大家都忍不住地笑了( )。

(四) 从课文中找出下列词语的反义词:

离任( )　外地( )　后任( )　行贿( )

降职( )　正确( )　私事( )　上游( )

(五) 从课文中选出与下面语句意思相近的词语:

1. 随随便便,不放在心上。　　　　　　　　　　( )

2. 把大家的事和自己的事分开,不能混在一起。　( )

3. 比喻接受任务或进行谈判时提出种种条件,斤斤计较。( )

4. 比喻说话不直截了当;不直爽。　　　　　　　( )

5. 指某一地区的所有家庭。　　　　　　　　　　( )

6. (使人)受到不公平的对待。　　　　　　　　　( )

三、阅读知识及练习

正反词的特殊含义

汉语中有一种词语,是由两个意义相对的词素构成的双音词,比如"东西"、"反正"、"左右"、"多少"等等。我们把这些词语称为"正反词"。

正反词是汉语中一个复杂而有趣的语言现象,不了解正反词的构成,在阅读时就会产生一些困惑。了解了正反词的构词规律,有助于提高阅读能力和阅读速度。

大部分的正反词是包含双义的,即构成这个词的两个对立义的词素都在起作用。比如:

(1) 病人现在的呼吸很正常。

(2) 大家判断这句话是否正确?

(3) 请专家来鉴定一下这件文物的真伪。

(4)这一带常有野猪出没。

有些正反词只表单义,即两个词素中只有一个起作用,另一个只是作陪衬。比如:

(1)我们不能忘记过去。(有忘无记)

(2)我只想量量这棵树的高矮。(仅指高度)

有些正反词兼有双义和单义。比如:

(1)他家兄弟很多,生活比较穷。(哥哥和弟弟)

  他是我的兄弟媳妇。(专指弟弟)

(2)对他的做法,周围的邻居褒贬不一。(有褒有贬)

  你有什么意见当面提出来,别老在背后褒贬别人。(指责,偏于"贬")

有些正反词表示的意义已经超出原有意义的范围,产生了新义,常常是用于比喻或泛指。这种正反词往往是外国人学习汉语的难点。比如:

(1)你怎么下得去手打她?她可是你的亲骨肉!(比喻亲人)

(2)农村是一个广阔的天地,你在那里是可以大有作为的。(比喻人们的活动范围)

(3)你们派人去侦察一下,看看对方有什么动静。(指所要了解的情况)

(4)你说的和事实有出入。(不一致)

一些正反词常常表示"无论如何"。比如:

(1)谁爱去谁去,反正我不去。

(2)我们劝她半天,她死活要嫁给那个八十岁的老人。

(3)小李一再请求让他去,可是经理高低不答应。

(4)我们都不知怎么办,你好歹帮我们出个注意。

一些正反词一词多义。比如"左右"这个词,就有如下词义:

1. 左边和右边。比如:"这件事让我左右为难。"

2. 身边跟随的人。比如:"他吩咐左右千万不要把这件事说出去。"

3. 表示概数。比如:"她身高一米七十左右。"

4. 支配。比如:"现在球队里已经发生内乱,教练完全左右不了局面了。"

 练习 Exercises

（一）在你学过的词语中找一找，看看你学过哪些正反词。

（二）猜一猜下面句子中画线词语的意思：

1. 别着急，他<u>迟早</u>会来向你道歉的。

2. 你给他买的鞋<u>肥瘦</u>正合适。

3. 我早就不跟他们<u>来往</u>了。

4. 不管生活多么艰苦，她<u>始终</u>坚持照顾那位老大爷。

5. 那个女人喜欢搬弄<u>是非</u>，你不要理她。

6. 在国外的时候，我们<u>朝夕</u>相处，一起完成了学业。

7. 那些贪官只知道<u>鱼肉</u>百姓，哪里会想到做这种事？

8. 小孩子做事不知<u>深浅</u>，您还得多指点他。

9. 你怎么能颠倒<u>黑白</u>，冤枉你的朋友？

10. 刚来到这里，他有点儿不服<u>水土</u>，经常生病。

第十课

一、课文阅读与理解

 阅读 1

你是武松

老张让老婆骂了一顿,心里觉得别扭,就去找他的朋友老李诉苦。老李听了,嘲笑他说:"你怎么那么怕老婆?一个女人有什么可怕的?下次她再骂你,你就拿出点儿男子汉大丈夫的气魄来,给她点儿颜色瞧瞧!告诉你,我老婆一见我呀,就像见了老虎一样。"这话正好被刚刚走进门的李夫人听到了,她三步并做两步走上前来,一把揪住老李的耳朵,怒气冲冲地问道:"你是老虎,那我是什么?"老李立刻软了下来,哭丧着脸,细声细气地回答说:"这还用问吗?你——你是武松!"

 生词 New Words

1. (一)顿　（量）　(yí)dùn　for meals, beatings, reprimands, etc.
2. 别扭　（形）　bièniu　uncomfortable
3. 诉苦　　　　sù kǔ　tell one's troubles

4. 嘲笑	（动）	cháoxiào	ridicule
5. 男子汉大丈夫		nánzihàn dàzhàngfu	real man
6. 气魄	（名）	qìpò	boldness
7. 老虎	（名）	lǎohǔ	tiger
8. 正好	（副）	zhènghǎo	happen to
9. 三步并做两步		sānbù bìngzuò liǎngbù	quicken one's steps
10. 揪	（动）	jiū	hold tight
11. 怒气冲冲		nùqìchōngchōng	furiously
12. 哭丧着脸		kūsàng zhe liǎn	put on a long face
13. 细声细气		xīshēng xìqì	in a soft voice

武松(Wǔ Sōng)

中国古典名著《水浒传》中的人物,性格勇猛刚烈,曾在景阳冈徒手打死过猛虎,是深受中国人民喜爱、在中国家喻户晓的艺术形象。

Wu Song a character from the well-known Chinese classical novel "On the Waterside". Wu Song is very valorous and had once killed a tiger bare-handed in Jing Yang Gang. Wu Song is a very popular artistic image that is well-known to every household in China.

（一）根据课文内容,判断正误:

　　A. 老张是个怕老婆的人。

　　B. 老李不怕自己的老婆。

　　C. 老张老李都怕老婆。

　　D. 老张老李都不怕老婆。

(二)"给她点儿颜色瞧瞧"的意思是:

A.拿出颜色笔把脸画成鬼脸,让她怕你。

B.做出生气的样子,让她看到你不高兴的脸色。

C.教训教训她,让她知道你的厉害。

D.送她一些好看的礼物,让她后悔骂了你。

(三)老李为什么说"我老婆一见我呀,就像见了老虎一样"?

(四)老李为什么说老婆是"武松"?

模范丈夫

三个妇女在一起议论自己的丈夫。

第一位说:"我那口子别的都好,就是好喝酒,一喝多了就撒酒疯,不给他买酒吧,他就到外面的小酒馆儿喝,不喝醉了不回来,你们说我该怎么办好?"

第二位说:"我那位更够呛!在外面赌钱赌上瘾了!虽说有时候能赢回点儿,可还是输钱的时候多。输光了钱就回家要,不给他吧,他就把家里值钱的东西偷出去卖。你们说,我这日子怎么过?"

第三位听了两个人的话,深深地叹了一口气:"唉!我老公还不如你们的呢!"

"怎么不如?"

"我老公不会喝酒,也不会赌钱。"

"那还不好?不喝酒,不赌钱,那不是一个模范丈夫吗?"

"问题是,他不会喝酒却偏要喝,不会赌钱却天天去赌!"

生 词 New Words

1. 模范　（名）　mófàn　　　　good example
2. 那口子　　　　nèi kǒuzi　　　spouse
3. 好　　（动）　hào　　　　　be fond of
4. 撒酒疯　　　　sā jiǔfēng　　　act shamelessly for drunk
5. 醉　　（动）　zuì　　　　　become intoxicated
6. 够呛　（形）　gòuqiàng　　　unbearable
7. 赌钱　　　　　dǔ qián　　　　gamble
8. 上瘾　　　　　shàng yǐn　　　be addicted to something
9. 赢　　（动）　yíng　　　　　win
10. 输　（动）　shū　　　　　　lose
11. 值钱　　　　zhí qián　　　　costly; valuable
12. 老公（名）　lǎogōng　　　　husband
13. 不如（动）　bùrú　　　　　be not so good as
14. 偏　（副）　piān　　　　　to indicate a deliberate violation of regulation or opposition to someone

阅 读 理 解

(一) 根据课文内容回答问题:

A. 第一个丈夫喝酒以后有什么表现?

B. 第二位妇女为什么说自己的日子没法过?

C. 第三个丈夫是一个模范丈夫吗? 怎么能看出来?

(二) "我那位更够呛"的意思是:

A. 我的丈夫更不怎么样。

B. 我的丈夫喝酒喝得更多。

C. 我的丈夫对我更不好。

(三) 文中"输光了钱就回家要"中的"光"和下面哪句话中的"光"的用法一致?

A. 一群孩子光着身子在湖里游泳。

B. 买汽车不能光看漂亮不漂亮,更重要的是要看质量。

C. 球队输了球,我这当教练的,脸上也无光。

D. 喜欢这个歌星的歌迷很多,他的CD早就卖光了。

(四) 说说你心目中的模范丈夫应该是什么样子?

我家的猫也爱抓人

有个小办事员很怕老婆,在家常挨老婆的打骂,到外面还不敢说。有一次,他的脸又被老婆抓破了,他带着伤去上班,被他的上司看到了。上司问他:"你的脸怎么破了?"小办事员不敢说实话,满脸通红地对上司说:"是……是……是猫抓的。"上司不相信,走到小办事员跟前,仔细察看了他的伤口,摇摇头说:"这肯定不是猫抓的,倒像是人抓的。你说,是不是你老婆又欺负你了?"小办事员见瞒不过上司,便实话实说了。上司长长地叹了一口气说:"现在的女人真不像话,连男人的脸都敢抓!要是在过去,谁敢这么做?"等小办事员走后,上司的一位朋友有些惊奇地问:"你

怎么能看出这伤口是人抓的而不是猫抓的呢？"上司环顾四周，见四下里没人，便悄声对朋友说："不瞒你说，我家的'猫'也爱抓人。"

生词 New Words

1. 猫	（名）	māo	cat
2. 办事员	（名）	bànshìyuán	clerk
3. 带伤		dài shāng	with wound
4. 上司	（名）	shàngsi	one's superior
5. 满脸通红		mǎnliǎn tōnghóng	flush
6. 察看	（动）	chákàn	examine
7. 伤口	（名）	shāngkǒu	wound
8. 肯定	（副）	kěndìng	undoubtedly
9. 欺负	（动）	qīfu	bully
10. 瞒	（动）	mán	hide the truth from
11. 实话实说		shíhuà shíshuō	tell the truth
12. 叹气		tàn qì	sigh; heave a sigh
13. 不像话		bú xiànghuà	outrageous
14. 环顾	（动）	huángù	look round
15. 四周	（名）	sìzhōu	all around
16. 四下里	（名）	sìxiàli	all around

（一）根据课文，判断正误：

　　A. 小办事员常常被老婆欺负。

　　B. 小办事员的脸被猫抓破了。

第十课

C. 小办事员把实际情况告诉了上司。

D. 小办事员等伤好了以后才去上班。

(二) 关于那位上司,下面哪句话是不正确的?

A. 他对现在女人欺负男人的现象很不满。

B. 他看出办事员的脸不是猫抓的。

C. 他的脸也曾经被猫抓过。

D. 他对朋友说出了自己的秘密。

(三) 下面的哪一种解释和"现在的女人真不像话"中的"不像话"意思相近?

A. 不听话　　　B. 不怕男人

C. 不理解男人　D. 不讲道理

(四) 下面哪一个短语和"不瞒你说"的意思不符?

A. 说实话　　　B. 说真的

C. 说实在的　　D. 说假话

鸡蛋梦

有个梦想发财的人在路边捡了一个鸡蛋,他兴高采烈地跑回家对老婆说:"咱们要发财了!"老婆奇怪地问:"捡一个鸡蛋能发什么财?"他对老婆说:"你真笨!咱们把这个鸡蛋拿到邻居家去,让他家的母鸡帮着孵出小鸡来。这小鸡要是个母的,就好好喂养,让它长大了下蛋。就算它两天下一个蛋吧,一个月咱们就能得到十

五个蛋。咱们把蛋再孵成小鸡,鸡长大了又生蛋,不出两年,咱们至少可以得到三百只鸡。然后,咱们把鸡卖了去买牛,牛又生牛,鸡还会下蛋,用不了三年,咱们就会有一大笔钱了。咱们再用钱买地,盖新房,再雇几个用人。到那时候,钱多得没处花,我就娶个小老婆,那可真是神仙过的日子啊!"他的老婆起先还听得津津有味,等他说到娶小老婆,脸上顿时变了颜色,她抢过鸡蛋,用力往地上一摔,大声说:"做你的鸡蛋梦去吧!"

生词 New Words

1.	梦想	(动)	mèngxiǎng	dream of
2.	捡	(动)	jiǎn	pick up
3.	兴高采烈		xìnggāocǎiliè	in high spirit
4.	笨	(形)	bèn	stupid
5.	孵	(动)	fū	hatch
6.	喂养	(动)	wèiyǎng	raise
7.	下	(动)	xià	(of animals) give birth to; lay
8.	蛋	(名)	dàn	egg
9.	就算	(连)	jiùsuàn	even if, granted that
10.	至少	(副)	zhìshǎo	at least
11.	盖	(动)	gài	build
12.	雇	(动)	gù	hire
13.	娶	(动)	qǔ	marry
14.	小老婆	(名)	xiǎolǎopo	concubine
15.	神仙	(名)	shénxian	celestial being, ideal
16.	起先	(名)	qǐxiān	at first
17.	津津有味		jīnjīnyǒuwèi	with keen pleasure
18.	顿时	(副)	dùnshí	immediately

第十课

阅 读 理 解

(一) 根据课文内容,判断正误:

　　A. 一个梦想发财的人捡了一个鸡蛋。

　　B. 他准备让这个鸡蛋帮助自己实现发财梦。

　　C. 老婆一不小心摔破了那个鸡蛋。

　　D. 老婆喜欢他所说的神仙过的日子。

(二) "听得津津有味"是什么意思?

　　A. 听得高兴,想吃那个鸡蛋　　B. 听得不耐烦了

　　C. 听得口水都流下来了　　　D. 很有兴趣地听着

(三) 那个人的老婆为什么把鸡蛋摔在地上?

(四) 模仿这个人的口气,复述他的发财梦。

二、词语训练

(一) 选择适当的助动词填空:

1. 我问她半天,她就是不(　)告诉我。(得、肯、能)

2. 电影已经演了一半儿了,看来他不(　)来了。(要、会、该)

3. 没有人(　)跟自己不喜欢的人结婚。(可能、愿意、应该)

4. 你(　)从这条沟上跳过去吗?(会、敢、可能)

5. 坐公共汽车去机场至少(　)一个小时。(想、肯、得)

6. 今天我不舒服,不(　)上课。(能、可以、会)

7. 你(　)做我的男朋友吗?(想、应该、可能)

8. 大家(　)先尝后买。(可能、可以、肯)

(二) 从课文中选出与下面语句意思相近的词语:

1. 心里很想却常常做不到　　　　　　　　(　　)

2. 形容非常高兴的样子　　　　　　　　　(　　)

3. 不聪明 （　　）

4. 值得大家学习的人 （　　）

5. 爱好某种事物而离不开 （　　）

6. 表示很快地走上前来 （　　）

7. 指有魄力的、勇敢的男人 （　　）

8. 不顺心；心里不舒服 （　　）

（三）用下面的词语完成对话：

1. 甲：现在看这里的电器比别处都便宜,可要是明天涨价了呢?
   乙：_____。（就算）

2. 甲：你看这两条裙子怎么样？红的是不是比绿的好看？
   乙：_____。（不如）

3. 甲：你看这箱苹果有多少斤？
   乙：_____。（至少）

4. 甲：你觉得她的男朋友长得怎么样？
   乙：_____。（够呛）

5. 甲：我说过那样的话吗？我怎么不记得？
   乙：_____。（肯定）

6. 甲：我刚刚得到五千块钱的稿费,你觉得够买一台电脑吗？
   乙：_____。（正好）

（四）给下面的单音节动词搭配适当的词语：

捡（　　）揪（　　）孵（　　）盖（　　）

雇（　　）挨（　　）下（　　）娶（　　）

（五）连词成句：

1. 能 发 一 捡 财 鸡蛋 什么 个
   _____？

2. 气魄 出 大丈夫 来 点儿 男子汉 拿 的
   _____！

3. 的 真 像话 现在 不 女人
   _____！

4. 啊 那 过 可 神仙 的 是 真 日子
   _____！

第十课

5. 我 怎么 好 你们 说 该 办

   _____?

6. 不 要 喝 他 偏 酒 会 却 喝

   _____!

三、阅读知识及练习

汉语中地名的简称

　　中国的省、市、自治区以及一些大城市，都有自己的简称，有的还不止一个。知道这些地名的简称，有助于在阅读中了解中国的历史事件、地理位置等等。

　　大多数的省、市、自治区以及大城市是从名字中选取一个有代表性的汉字，比如北京市的简称为"京"，天津市的简称为"津"，黑龙江省的简称为"黑"，辽宁省的简称为"辽"，唐山市的简称为"唐"，杭州市的简称为"杭"，沈阳市的简称为"沈"，塘沽市的简称为"塘"等等。

　　还有一些省、市、自治区以及大城市的简称选用的是特殊汉字，比如重庆市的简称为"渝"，山西省的简称为"晋"，山东省的简称为"鲁"，南京市的简称为"宁"等等。这样的简称一般来自于当地的古地名，或是当地的山名、水名。选用特殊汉字，大多是为了避免误解，比如中国有河南省、河北省，也有湖南省、湖北省，所以这些省份既不能用"河"、"湖"，也不能用"南"、"北"，于是这四个省份分别称作"豫"、"冀"、"湘"、"鄂"了。

　　有的省市有两个简称，比如上海市的简称是"沪"和"申"，广东省的简称是"粤"和"广"，四川省的简称是"川"和"蜀"，安徽省的简称是"皖"和"徽"等等。

　　至于内蒙古自治区为避免歧义，就简称为"内蒙"了。

　　了解了汉语中地名的简称，我们在阅读中遇到含有以上地名简称的词语，就很容易猜出它的意思，或了解人物、事物与某一地方的关系了。比如：

　　皖南事变：发生在安徽省的历史事件。

　　京津唐大地震：发生在北京、天津、唐山一带的大地震。

　　京沪线：北京到上海的铁路线。

京津塘高速公路:北京、天津、塘沽之间的高速公路。

京杭大运河:北京到杭州的运河。

豫剧:河南的一种戏剧。

川军:四川的军队。

湘妹子:指湖南省的女孩子。

 练习 **Exercises**

(一) 查词典,看看下面的简称是哪些省、市、自治区的:

　　吉　苏　青　藏　贵　黔　赣　闽　琼　桂

(二) 试解释下面的词语,然后查词典看自己的解释是否正确:

　　沪杭铁路　　晋中战役　　港币　　闽南话　　粤剧
　　川藏公路　　辽东半岛　　浙大　　蜀道难　　陕北高原

第十一课

一、课文阅读与理解

 阅 读 1

请多多原谅

张教授到邮局去寄信。刚走进邮局,就见一位老太太迎面走了过来,拉住张教授的手说:"先生,帮帮忙吧!""您要我帮您做什么?"张教授问。老太太说:"我不识字。今天出门前,我让小孙子帮我给老家的亲戚写了一封信。谁知一着急,把信落在家里了。您能不能帮我写几句,几句就行。"张教授答应了。

老太太口授,张教授执笔,信很快就写完了。写完后,张教授念了一遍,老太太很满意。张教授刚要把信放进信封,老太太忙又拦住他说:"再加上两句。"张教授问:"还想说什么?"老太太一字一句地说:"匆忙之中,请人代笔,信写得不好,请多多原谅。"

生词 New Words

1. 原谅 （动） yuánliàng forgive; excuse
2. 教授 （名） jiàoshòu professor
3. 迎面   yíng miàn in one's face
4. 老家 （名） lǎojiā hometown
5. 亲戚 （名） qīnqi relative
6. 口授 （动） kǒushòu dictate
7. 执笔 （动） zhíbǐ do the actual writing
8. 拦住   lán zhù stop; block
9. 一字一句   yízì yíjù word by word
10. 匆忙 （副） cōngmáng in a hurry
11. 代笔 （动） dàibǐ write (an article, letter, etc.)on somebody's behalf

（一）关于老太太,下面哪句话是不正确的?

A. 让孙子帮她给老家的亲戚写了一封信。

B. 出门的时候忘了带孙子写好的信。

C. 请张教授帮忙再写一封信。

D. 觉得张教授信写得不好。

（二）"一字一句"的意思是：

A. 每个字是一句话　　B. 说一个字停一下

C. 每个字都说得很清楚　　D. 只说了一句话

（三）老太太让张教授在信的最后加上的话会引起什么误会?

（四）如果你是张教授,听到老太太最后的两句话,你会怎么做?

第十一课

阅读 2

在哪儿买的白菜?

小赵很多事情都会做,可就是不会做饭。好在他娶了一个贤惠的妻子。每天下班回来,他都能吃到可口的饭菜。

这天晚上,小赵回到家,见妻子正在烧排骨。小赵望着满满一大锅排骨,奇怪地问:"做这么多排骨?今天有客人来吗?"妻子回答说:"没有,这都是给你准备的。明天我要到南方去出差,大概要两个星期。你每天回家,吃几块排骨,再往排骨汤里放一些白菜什么的就行了。"

妻子走后,小赵按妻子的嘱咐,天天吃排骨,用排骨汤熬白菜。两个星期后,妻子回来了。小赵见到妻子,诉苦说:"你可回来了,我天天吃排骨汤熬白菜都吃腻了。"妻子夸他说:"不错,你总算能自己生活了。"妻子看着厨房桌子上的半棵白菜,问他:"在哪儿买的白菜?"小赵说:"我吃的是楼道里的那几棵白菜呀!你是不是忘了?时间长了,白菜都干了。"妻子一听,哭笑不得地说:"糟了!你可闯祸了,那几棵白菜是隔壁老李家的!"

 生 词 New Words

1. 好在　　(副)　　　hǎozài　　fortunately; luckily

2. 贤惠	（形）	xiánhuì	virtuous
3. 可口	（形）	kěkǒu	palatable; tasty
4. 烧	（动）	shāo	cook
5. 排骨	（名）	páigǔ	spareribs
6. 熬	（动）	áo	boil, stew
7. 腻	（形）	nì	be bored because of repetition
8. 棵	（量）	kē	classifier for plants
9. 楼道	（名）	lóudào	corridor
10. 哭笑不得		kūxiàobudé	find something both funny and annoying
11. 糟	（形）	zāo	(of a matter) is a wretched state; in a mess
12. 闯祸		chuǎng huò	get into trouble

（一）根据课文回答问题：

1. 小赵的妻子为什么要烧一大锅排骨？

2. 小赵最喜欢吃排骨吗？

3. 小赵的白菜是在哪儿买的？

4. 妻子为什么说小赵闯祸了？

（二）"哭笑不得"的意思是：

　　A. 又想哭，又想笑　　B. 不能哭，也不能笑

　　C. 一边哭，一边笑　　D. 不知道怎么办才好

（三）"烧排骨"中的"烧"和下面哪个词语中的"烧"意思相同？

　　A. 烧香　　　　　　　B. 烧茄子

　　C. 烧火　　　　　　　D. 烧水

（四）如果你的妻子出差而你又不会做饭，也没有钱去饭馆，你怎么办？

第十一课

阅读 3

买尸首

古时候,有个聪明人,他的主意多,而且能说会道,谁要是遇到无法解决的难题,只要去请教他,都会得到圆满的答复,因而远近闻名。

有一天,一个富人淹死了,他的尸首被人捞了上来。富人家属前去认领尸首,可捞到尸首的人却向他们要很高的酬金。富人家属不愿意给,就去请教这个能说会道的人。这个人给他们出主意说:"别着急,等两天。你们放心,别人是不会来买这具尸首的。他们留着也没用,早晚会来找你们的。"富人家属认为他说的有理,便回家等候。

捞到尸首的人等了两天,见富人家属不再来谈判,沉不住气了,便也来向这个聪明人请教,他得到的答复是:"不必担心,在家等着好了。这具尸首他们在别处买不到,最后还得找你。"

生词 New Words

1. 尸首　　　　(名)　　shīshou　　　　　　corpse
2. 能说会道　　　　　　néngshuō huìdào　　have a glib tongue

3. 无法		wúfǎ	no way
4. 请教	(动)	qǐngjiào	consult
5. 圆满	(形)	yuánmǎn	satisfactory
6. 答复	(名)	dáfù	answer
7. 远近闻名		yuǎnjìn wénmíng	well-known far and wide
8. 淹死		yānsǐ	drown
9. 捞	(动)	lāo	drag
10. 家属	(名)	jiāshǔ	family member
11. 认领	(动)	rènlǐng	claim
12. 酬金	(名)	chóujīn	monetary reward
13. 具	(量)	jù	measure word for corpse
14. 有理		yǒulǐ	reasonable
15. 谈判	(动)	tánpàn	negotiate
16. 沉不住气		chénbuzhùqì	cannot keep calm

（一）根据本文，下面哪句话在文中没有提到？

    A. 没有聪明人解决不了的问题。

    B. 富人家属的吝啬远近闻名。

    C. 别人捞起了富人的尸首。

    D. 富人家属和打捞的人互不让步。

（二）"他们留着也没用，早晚会来找你们的"中的"早晚"是什么意思？

    A. 早上或者晚上   B. 早晨和晚上

    C. 总有一天   D. 无论早上还是晚上

（三）文中的聪明人出的主意是什么？你觉得他的主意怎么样？

（四）续讲这个故事。

第十一课

谁眼瞎了?

小王是个愣小伙子,他最喜欢骑快车。从家到工厂,别人要骑一个小时,他只骑半个小时就到了。因为骑快车,他多次受到警察的警告,有几次还被罚了款。可他这老毛病总是改不了。

一天晚上,工厂加班,下班已经很晚了,他急着回家吃饭,刚一出厂门,就飞快地蹬起来。快到家门口了,遇上了红灯,小王见路口没有警察,"嗖"地一下骑了过去。谁知对面的人行横道上,有一位老人正慢腾腾地过马路。小王躲闪不及,一下子摔在马路上。没等站起来,小王就骂开了:"老家伙!你眼瞎了?没看见车吗?"话音刚落,就听老人怒吼一声:"谁眼瞎了?"小王一听这声音挺熟,抬头仔细一看,呆住了,上下嘴唇动了半天,从牙缝里挤出一句话来:"爸!您没伤着?"

生词 New Words

1. 瞎	(动)	xiā	blind
2. 愣	(动)	lèng	rash, reckless
3. 警察	(名)	jǐngchá	policeman
4. 警告	(动)	jǐnggào	warn

5. 罚款		fá kuǎn	be fined
6. 毛病	（名）	máobing	shortcoming; defect
7. 工厂	（名）	gōngchǎng	factory
8. 加班		jiā bān	work an extra shift
9. 蹬	（动）	dēng	pedal
10. 嗖	（拟声）	sōu	whiz;whistle
11. 人行横道		rénxíng héngdào	crosswalk
12. 慢腾腾		mànténgténg	slowly
13. 躲闪不及		duǒshǎnbùjí	too late to avoid
14. 一下子		yíxiàzi	in a short while; all at once
15. 老家伙		lǎojiāhuo	old guy
16. 话音刚落		huàyīn gāng luò	hardly finish speaking
17. 怒吼	（动）	nùhǒu	roar
18. 嘴唇	（名）	zuǐchún	lip
19. 牙缝	（名）	yáfèng	crack of teeth
20. 挤(出)	（动）	jǐ (chū)	squeeze (out)

（一）关于小王，下面哪句话是正确的？

    A. 总是提前半个小时上班。

    B. 改不了闯红灯的毛病。

    C. 为了躲过老人，摔在了马路上。

    D. 责怪老人闯红灯。

（二）"小王一听这声音挺熟"中的"熟"和下面哪句话中的"熟"意思相同？

    A. 那些西瓜我怕不熟，所以不敢买。

    B. 这几家公司我都跑熟了，还是让我去吧。

第十一课

C. 冰箱里有熟食,你先吃一点儿吧。

D. 孩子已经睡熟了,你可以看电视了。

(三)"老毛病"的意思是:

A. 老人容易犯的病　　B. 老人容易犯的错误

C. 常常犯的错误　　D. 一般人容易得的病

(四)小王撞人后为什么"呆住了"?

二、词语训练

(一)选择适当的助词填空:

　　　　着　了　过　的　地　得

1. 我从来没有看(　)这部电影。

2. 这个教室坐(　)下四十个人吗?

3. 以前他没来(　)北京,这是第一次。

4. 母亲心里一直想(　)出国留学的儿子。

5. 这条灰色(　)裤子是我(　)。

6. 大娘高兴(　)见人就说:"这姑娘对我真好哇!"

7. 小马买(　)个数码相机,比你(　)相机好(　)多。

8. 这时,从车上匆匆(　)走下一个人来。

9. 玛丽在晚会上唱(　)一首江南民歌。

(二)选择适当的动量词填空:

　　　　顿　番　趟　口　声　遍　次

1. 把这些生词写五(　)。

2. 这家伙昨天又去偷人家的东西,让人家抓住狠狠打了一(　)。

3. 三(　)五(　)说你,你的老毛病就是不改。

4. 昨天我没注意,让那只猫咬了一(　)。

5. 安静的夜里突然传来几(　)狗叫。

6. 今天邮局关门,白跑一(　)。

(三) 选择适当的词语填空：

匆忙 好在 哭笑不得 请教 沉不住气 一下子 ……好了

1. 这小男孩非要和邻居的小妹妹结婚,弄得大人(　　)。
2. 下雨忘了带雨伞,(　　)离商店不远,可以买一把。
3. 我的同屋不在家,你放在他床上(　　)。
4. 这次来得(　　),没带什么礼物给你。
5. 本来该踩刹车却踩在油门上,汽车(　　)冲到河里去了。
6. 有几个问题,想向您(　　)。
7. 刚给你优惠一点儿你就答应买了？真(　　)。

(四) 选词填空：

1. 他违反学校校规,已经被(　　)两次了。　　　　(警告、提醒)
2. 明天你(　　)我带上笔记本电脑。　　　　　　　(警告、提醒)
3. 有问题多向老教授(　　)。　　　　　　　　　　(请教、问)
4. 这事你别(　　)他,他什么都不知道。　　　　　(请教、问)
5. 我不是故意伤害你,请你(　　)。　　　　　　　(原谅、对不起)
6. 别这么说,这事是我不好,我(　　)你。　　　　(原谅、对不起)
7. 你们必须在两天之内给我们书面的(　　)。　　　(回答、答复)
8. 上课的时候,他从来不主动(　　)老师提出的问题。(回答、答复)

(五) 阅读下面的短文,并给短文加上合理的结尾：

冬天的一个晚上,一位出租车司机在深夜11点时还在路上跑,可是因为天气实在不好,又刮风又下着小雪,乘客很少。

司机正在着急,忽然发现前方有个女人伸着手打车。司机很高兴,赶快停了车,让那女人上了车。司机问："小姐,您去哪儿？"那女人用低低的声音说了一个地名。虽然有点儿远,但是司机挺满意的,因为这一趟下来他可以挣到不少钱。司机高兴地开着车,可是很快他就觉得不舒服了。因为那个女人和其他的乘客不大一样:冬天这么冷,她却穿得很少,而且一句话也不说,长长的头发总是挡着她的脸,司机想看却看不清。一路上没有别的车辆和行人,司机有点儿害怕了。

到了终点,女人付了钱,打开车门,一下子不见了。司机吓得要命,可是他必须把那扇车门关上,才能开车。他哆哆嗦嗦地去关车门。突然,他的脚被一只冰凉的手抓住了,司机吓得大叫起来,只听地底下一个声音说："……"

第十一课

三、阅读知识及练习

多音节词语的缩写及语素的提取

人们在说话或写文章时,为了节省时间,在不影响理解原意的情况下,常常会将多音节词语缩写,比如将"北京图书馆"缩写成"北图","亚洲足球联合会"缩写成"亚足联","广州中国出口商品交易会"缩写成"广交会",商品售出后出现问题实行"包退、包修、包换"缩写成实行"三包"等等。

缩写一般是从构成多音节词语的词语中提取的具有代表性的语素组合而成,比如:

北大(北京大学)　奥运会(奥林匹克运动会)　违规(违反规定)

高校(高等学校)　工行(工商银行)　　经院(经济学院)

中文系(中国语言文学系)　九五计划(第九个五年计划)

北京市体委(北京市体育运动委员会)

缩写的另外一种构成方式是抽取原来词语中的共同部分,或概括原有词语的共性加上数词组合而成,比如:

三好学生(指身体好、学习好、思想好的学生)

门前三包(指临街商户要包卫生、包治安、包绿化,负责门前的治理)

两伊战争(指伊朗和伊拉克的战争)

两个文明(物质文明和精神文明)

有些原意本不相同的多音节词语缩写成同一词语,容易造成误解,比如:"人民代表大会"和"人民大学"都缩写成"人大",这时,一般要在前者的前面加上限制性的修饰语,如"全国人大"、"市人大"等,以示区别。

 Exercises

(一) 缩写下面的词语:

　　公共厕所　股票市场　建设银行　中国科学院　全国统一考试

外国货币　业余大学　女子排球　全国运动会　北京外国语大学
工业现代化、农业现代化、国防现代化、科学技术现代化

(二) 把下面的缩写语还原成原来的词语：

师大　科技　体检　高考　国贸大厦
海归　港币　消协　职高　中国足协

第十二课

一、课文阅读与理解

不让人

古时候,有父子二人,脾气相同:不管做什么事,都得是别人让着他,他却从来不让别人。有一天,家里来了客人,父亲让儿子进城去买肉。儿子买了肉往家走,走到城门口的时候,迎面走来一个人。路很窄,可是两个人谁也不愿意给对方让路,都挺着身子,面对面地立在那里。父亲在家等了很久,不见儿子回来,就进城去找。走到城门口,见儿子和那个人还在那儿站着呢,谁也不肯侧一侧身,让对方过去。父亲问明情况,一拍儿子的肩膀:"好儿子!你做得对!这样吧,你先把肉拿回去,陪客人吃饭,我替你在这儿站着。你吃完饭再来换我!"

 生词 New Words

1. 让	（动）	ràng	make a concession
2. 脾气	（名）	píqì	temperament
3. 窄	（形）	zhǎi	narrow
4. 让路		ràng lù	give way
5. 挺	（动）	tǐng	stick out; straighten up (physically)
6. 面对面		miànduìmiàn	face to face
7. 立	（动）	lì	stand
8. 侧身		cè shēn	turning sideways
9. 肩膀	（名）	jiānbǎng	shoulder
10. 陪	（动）	péi	accompany
11. 换	（动）	huàn	relieve (a person on duty)

 阅读理解

（一）关于父子二人，下面哪句话是不符合课文原意的？

　　A. 父子二人的脾气相同。

　　B. 父子二人做事都不让人。

　　C. 父子二人一起站在城门口。

　　D. 父亲夸不让人的儿子做得对。

（二）"谁也不肯侧一侧身"中的"侧"和下面哪句话中"侧"意思相同？

　　A. 道路两侧摆满了鲜花。

　　B. 我只能看到那个人的侧影。

　　C. 你可以从侧门进去。

　　D. 道路很窄，人们只能侧着身子过去。

第十二课

(三) 你在性格方面和你的父母有共同之处吗?

不服输

张三很喜欢下棋,他的棋下得并不好,可从来不服输,而且怕别人说自己输。有一次,他和别人下棋,一连输了三盘。有个朋友知道了,故意去问他:"今天又下棋了?""下了。""下了几盘?""三盘。""输了赢了?""没输也没赢。""怎么?三盘都下成和棋了?""也没和。""那是怎么回事?"张三不慌不忙地说:"你听我慢慢给你解释。第一盘我太大意了,让他占了个便宜,结果我没赢;第二盘他下得很仔细,一点儿漏洞都没有,结果他没有输;第三盘我们一直下到天黑,我还剩下一兵一将,他就比我多俩车,我说和了算了,他非要下完,结果也没有和。"

 生 词 New Words

1. 服　　　(动)　　fú　　　　admit; be convinced
2. 下(棋)　(动)　　xià(qí)　　play (chess)
3. 从来　　(副)　　cónglái　　all along; always; ever (has an absolute affirmative or negative tone; often followed by "都","就","不")

4. 而且	（连）	érqiě	and also; moreover
5. 一连	（副）	yìlián	in succession
6. 盘	（量）	pán	a game of (chess)
7. 故意	（形）	gùyì	deliberate
8. 和	（动）	hé	end in a draw
9. 大意	（形）	dàyi	careless
10. 占便宜		zhàn piányi	gain extra advantage
11. 漏洞	（名）	lòudòng	loophole
12. 剩	（动）	shèng	be left over
13. 算了		suànle	let it be; let it pass
14. 非	（副）	fēi	insist on

注　释

兵(bīng)、将(jiàng)、车(jū)

都是中国象棋棋子的名称。"兵"和"车"用于进攻对方或防御，象棋比赛中，捉住对方"将"的一方为胜方。双方都无力捉住对方"将"的即为和棋。

soldier, general, chariot   These are the names of the pieces in Chinese chess, in which soldier and chariot can attack the other side or doing the defense. During the game, the one who captures the general is the winner. If neither can capture the general, the game of chess ends in a draw.

（一）关于张三，下面哪句话是不正确的？

A. 他喜欢下棋，但是下得不好。

B. 他不愿意告诉别人自己输棋。

C. 他和别人下了三盘棋，没输也没赢。

第十二课

D. 第三盘他要和棋可是对方不肯。

（二）文中说："有个朋友知道了，故意去问他"，你知道为什么这个朋友要故意去问他？

（三）课文中什么地方可以看出张三不服输？

嘴　硬

有个人嘴硬。有一次，他到市场上去买东西，见菜摊儿上的姜卖得很贵，就对摊贩说："你这儿的姜怎么卖那么贵呢？在我的老家，漫山遍野，到处都是姜树，吃姜用不着花钱，想吃从树上随便摘两个就行了。"摊贩一听就笑了："算了吧！你别在这儿说外行话了！姜都是土里长的，哪儿有树上结的？"那个人不服气，坚持说姜是树上结的。摊贩见他嘴硬，就对他说："你敢打赌吗？"那个人一摘头上的帽子："咱们找十个人来评断，要是我输了，情愿把这顶帽子送给你！"两个人一连问了十个人，大家都说姜是土里长的。那个人脸涨得通红，把帽子往摊贩手里一塞，一字一顿地说："帽子可以给你！可是，姜还是树上结的！"

 生 词 New Words

1. 嘴硬		zuǐ yìng	insist on being that stinate
2. 姜	(名)	jiāng	ginger
3. 摊贩	(名)	tānfàn	stall-keeper
4. 漫山遍野		mànshān biànyě	all over the mountains and fields
5. 用不着		yòngbuzháo	need not
6. 摘	(动)	zhāi	pick; take off
7. 外行	(形)	wàiháng	lay language; amateurish remarks
8. 土	(名)	tǔ	soil
9. 结	(动)	jiē	bear(fruit)
10. 坚持	(动)	jiānchí	insist on
11. 打赌		dǎ dǔ	bet
12. 评断	(动)	píngduàn	judge
13. 情愿	(助动)	qíngyuàn	willingly
14. 涨	(动)	zhàng	(one's face) reddened
15. 一字一顿		yízì yídùn	(speak) unhurriedly and clearly

  阅 读 理 解

(一)关于这个嘴硬的人,下面哪句话不符合原文?

A. 认为菜摊上的姜很贵。

第十二课

B. 认为姜是树上结的。

C. 不服输,不愿把帽子给那个摊贩。

D. 在事实面前,还是坚持自己的说法。

(二)"嘴硬"指的是:

A. 不管多硬的东西都咬得动 B. 知道自己错了嘴上还不认错

C. 很会说话,谁都说服不了他 D. 说话太厉害,谁都不敢跟他说话

(三)你遇到过嘴硬的人吗?说说对付嘴硬的办法。

(四)谈谈有关嘴硬的趣闻。

阅读 4

老不死

一位老人过百岁生日,有四位客人前去祝寿。第一位客人对老人祝福说:"愿您寿如松柏。"老人听了,不高兴地说:"松柏就没有枯死的时候吗?"第二位客人忙说:"祝您寿比南山。"老人听了还是不乐意:"山也有塌的时候。"第三位客人不知说什么好,想了想,对老人说:"希望您再活一百岁。"老人一听大怒:"我没吃你家饭,没穿你家衣,也没花你家钱,你凭什么限定我的岁数,不让我多活几年?"第四位客人觉得这位老人脾气太怪了,暗地里骂了一句:"这个老不死的!"这话让老人听到了,老人大喜:"对!我就是想永远活着,老也不死!"

 生 词 **New Words**

1. 祝寿		zhù shòu	congratulate (an elderly person) on his birthday
2. 祝福	（动）	zhùfú	blessing
3. 愿	（动）	yuàn	wish
4. 寿	（名）	shòu	longevity
5. 如	（动）	rú	just like
6. 松柏	（名）	sōngbǎi	pine trees and cypress
7. 枯死		kūsǐ	withered
8. 比	（动）	bǐ	compare ... to ...
9. 乐意		lèyì	pleased
10. 塌	（动）	tā	collapse
11. 大怒		dà nù	very angry
12. 凭(什么)	（动）	píng(shénme)	base on ...
13. 限定	（动）	xiàndìng	limit
14. 怪	（形）	guài	strange
15. 暗地里	（名）	àndìli	behind somebody's back
16. 大喜		dà xǐ	very happy

 注 释

1. 老不死

"老不死"可以理解为"永远不死",也可以看作是诅咒老人早死的骂人语。在生活中一般是后一种意思。

The phrase "老不死"implies two meanings. The positive one refers to never-ending life while the negative one is a curse of bringing death to the old. In daily life, it's the negative meaning that is often referred to.

2. "寿如松柏"与"寿比南山"

向老年人祝福用语,意思是希望老人像松柏一样长青,像高山一样长寿。

To live as long as pine tree and cypress It's blessing for the old people, wishing them a life that is as young as pine trees and as ever-lasting as big mountains.

(一) 根据课文内容,判断正误:

    A. 这位老人是一位脾气很怪的老人。

    B. 前三位客人的祝福都不能让这位老人满意。

    C. 这位老人对第四位客人的祝福非常满意。

    D. 这位老人希望自己永远不死。

(二) 老人为什么对前三位客人的祝福不满意?

(三) 课文中哪些句子是祝老人长寿的?

二、词语训练

(一) 从课文中找出适当的词语,替换下列句中的带点的字:

1. 我一时没注意,让小偷偷走了我的钱包。　　　　(　　)
2. 你要是不相信,我们可以比输赢,谁输了谁请客。(　　)
3. 你让她去买菜,她好像有点儿不愿意。　　　　　(　　)
4. 有什么话当面说,不要在人背后说别人的闲话。　(　　)
5. 我们的两名主力球员这场比赛停赛,结果让对方很轻松地赢了球。
                                                           (　　)
6. 这些衣服没有人穿,扔掉就行了。　　　　　　　(　　)
7. 你有什么证据说我考试作弊?　　　　　　　　　(　　)

8.明天您整八十,我们去给您祝贺生日。( )

(二) 选择适当的连词填空:

要是 不管 可是 而且 结果 却 于是 宁可 除非

1. 我们的球队比他们强,( )今天的比赛( )输了。
2. ( )你去不去,我是一定要去的!
3. 我不喜欢她,个子太矮,( )长得也不漂亮。
4. ( )明天下雨,我们就不去长城了。
5. 他不听我的话,( )被人骗了。
6. 我( )去死,也不跟他那样的人结婚。
7. 我不去找他,( )他来向我道歉。
8. 附近的超市里没有肉,( )我们打车去了一家大商场。

(三) 用括号里的词语完成句子:

1. 明天妹妹就要结婚了,_____。(祝福)
2. 如果明天的比赛我输给你,_____。(情愿)
3. 我已经告诉他不再和他来往,_____。(一连)
4. 实在对不起,_____。(故意)
5. 这烟不是我的,_____。(从来)
6. 学习什么都不容易,_____。(坚持)
7. 你直接给他打电话就行了,_____。(用不着)

(四) 给下列句中画线的词语选择合适的义项:

1. A. 吃(药)　 B. 听从、服从　 C. 衣服、衣裳

(1)多好的姑娘啊,因为失恋<u>服</u>毒自杀了。
(2)在关键的时候,他总是能出一些好主意,我们都<u>服</u>他。
(3)比赛快开始了,快穿上比赛<u>服</u>。

2. A. 进行(棋类游艺或比赛)　 B. 由高处到低处　 C. (动物)生产

(5)快<u>下</u>山吧,天都快黑了。
(6)什么棋我都不会<u>下</u>,还是玩儿扑克牌吧。
(7)看!母猪<u>下</u>小猪了。

3. A. 错误　 B. 不是　 C. 必须、一定

(8)这玩具那么贵,可孩子<u>非</u>要买。

(9)你们应该分清是非,别跟着别人瞎嚷嚷。

(10)非司机禁止开车。

4. A. 很;非常　B. 不正常;不同平常　C. 指出是某人的错误

(11)这事都怪你,是你让他去的。

(12)最近天气真怪,昨天还挺热的,今天一下子又冷起来了。

(13)第一次听到经理夸我,怪不好意思的。

(五)读下面的短文,在适当的位置上加上标点符号:

妈妈教育自己的儿子　你看看隔壁的小红　学习多努力　这次英语考试考了95分　你为什么就不能向人家学习学习呢　儿子不服气地说　这有什么　我这次考试比她还多一点呢　妈妈大吃一惊　怎么　你考了96分　儿子不好意思地说　不是96分　是9.6分

三、阅读知识及练习

颜色词语的象征意义

汉语中的颜色词语,有时不仅仅是表示某一颜色,而更多的是表示某种抽象的象征意义。特别是一些颜色词语还表示正与反、善与恶、褒与贬等双重含义。我们在阅读文章的时候,应当注意颜色词语的这一特点,根据所学的知识,产生相关的文化联想,以便准确地了解颜色词语在文章中的意义。

下面仅举"红、黄、绿、白、黑"等主要颜色看看颜色词语的象征意义吧。

红色,其颜色与太阳和火的颜色相近,太阳和火给人们带来温暖和光明。因此,人们用红色象征"光明、温暖、喜庆、热烈、成功、顺利"等,比如在喜庆的日子里,人们披红挂彩,挂红灯,贴红喜字,送红包,并且用"走红运"、"满堂红"、"红极一时"等表示顺利和成功。红色也与鲜血的颜色相同,人们用红色象征革命,如红旗、红军、红色政权、又红又专等等。

黄色,是最具双重意义的一个颜色词语。一方面,由于中国人认为自己是黄帝的子孙,生长在黄土地上,肤色是黄皮肤,所以,黄色是中华民族的本色。在古代的五方、五行、五色中,中央为土,黄色,所以黄色又象征中央

政权、国土之义，于是黄色便为历代封建帝王所专有，比如古代皇帝穿的龙袍即为黄色。此外，黄色是金子的颜色，因此，黄色也象征富贵。但另一方面，黄色也和自然中的枯草颜色相同，所以黄色有时也象征没落、腐败等，当代又特指色情、不健康等义，比如黄色书刊、黄色电影等等。

绿色，是植物的生命色，人们用绿色象征生命、青春、和平、希望、新鲜等美好的事物。但是如果说一个人"戴绿帽子"那就不是什么好事了，因为中国元、明两个朝代规定娼家男子必须戴绿色的头巾或帽子，以后人们用来称妻子有外遇的男人。

白色，也是具有双重意义的象征词语。它与云、雪同色，象征高洁、纯净、单纯等，比如"白衣天使"、"白马王子"、"白璧无瑕"等。但是在中国古代的五方说中，西方为白虎，西方是刑天杀神，所以白色又象征"死亡、恐怖、凶兆、反动"等，比如："白色恐怖"、"白匪"、"白区"等等。

黑色的象征意义也是多方面的，既象征庄严、肃穆、刚直，如"黑色的土地"、"黑旋风李逵"、"黑脸包公"等；又象征死亡、恐怖、阴险、黑暗、欺骗、不光明等，比如"黑帮、黑市、黑心、黑社会、黑名单"等等。

练习 **Exercises**

（一）根据所学知识，猜测下列词语中颜色词语所具有的象征意义：
　　洗黑钱　红白喜事　扫黄运动　粉红色的梦　黑店
　　开门红　绿色通道　黄袍加身　黑手党　绿色食品

（二）查词典，看看下面一些词语中颜色词语所具有的象征意义：
　　桃色新闻　灰色收入　青天大老爷　红得发紫　金榜题名

第十三课

一、课文阅读与理解

 阅读 1

受伤的是我亲戚

小赵特别喜欢看热闹,走在街上,哪儿人多他往哪儿去。有一次,他下班骑车回家,路过一个胡同口儿,见许多人围在那里,把胡同口围了个水泄不通。"一定是撞了人了!"小赵心里想着,急忙跳下自行车,把车往墙边一靠,就拼命向人群中间挤去。谁知看热闹的人太多

了,挤了半天还是挤不进去。小赵灵机一动,高声叫喊:"让开!让开! 让我过去! 受伤的是我亲戚!"这个主意还真不错,围观的人听到喊声,纷纷侧过身来给他让路,一些人的眼里还流露出同情的目光。等小赵满头大汗好不容易挤到前面时,他一下子闭上了嘴:受伤的是一头毛驴。

生词 New Words

1. 受伤   shòu shāng   be injured; be wounded

2. 热闹	（名）	rènao	a scene of bustle and excitement
3. 胡同口儿		hútòngkǒur	the end of the lane
4. 水泄不通		shuǐxièbùtōng	not even a drop of water could trickle through, be packed with people
5. 靠	（动）	kào	lean against
6. 拼命		pīn mìng	use all one's might
7. 灵机一动		língjīyídòng	hit upon an idea
8. 纷纷	（形）	fēnfēn	one after another
9. 流露	（动）	liúlù	reveal
10. 同情	（动）	tóngqíng	show sympathy for
11. 好不容易		hǎo bù róngyì	with great difficulty
12. 闭嘴		bì zuǐ	shut up
13. 毛驴	（名）	máolǘ	donkey

（一）根据课文内容，判断正误：

A. 小赵喜欢到人多的地方看热闹儿。

B. 看热闹的人很多，没有人给小赵让路。

C. 小赵的亲戚受伤了。

D. 原来是小赵亲戚家的毛驴受伤了。

（二）"灵机一动"和下面哪一说法意思相近？

A. 身体灵活地躲开　　B. 拨打小灵通手机

C. 忽然想出一个办法　D. 使用小巧的机器

（三）"好不容易"的意思是：

A. 很容易　B. 有点儿容易　C. 不很难　D. 非常不容易

（四）你喜欢看热闹吗？说说你对"看热闹"这一现象的看法。

第十三课

阅读 2

望 天

在一条拥挤的大街上,一位行人突然停下脚步,仰起头来,好像在观察什么。旁边的人见了,以为天上有什么少见的东西,也都仰起头来向天空搜寻着。不一会儿,这里挤满了人,把交通都堵塞了。大家都好奇地望着天空,极力寻找着自己想像中的东西。这时,第一位仰头的人低下头来,发现他周围都是人,大家都望着天空。这位行人奇怪地问旁边的人:"喂!你们在看什么?天上有什么呀?"旁边的人反问他说:"不是你先望天的吗?怎么倒来问我?"这位行人恍然大悟,笑得前仰后合地说:"嗨!刚才我鼻子流血了,只好仰起头来,哪儿是在望天哪!"

生词 New Words

1. 望	(动)	wàng	look at
2. 拥挤	(形)	yōngjǐ	crowded
3. 仰	(动)	yǎng	lift up
4. 观察	(动)	guānchá	observe
5. 以为	(动)	yǐwéi	think
6. 少见	(形)	shǎojiàn	rare
7. 搜寻	(动)	sōuxún	seek for
8. 堵塞	(动)	dǔsè	block

9. 好奇	（形）	hàoqí	curious
10. 极力	（副）	jílì	try one's best
11. 寻找	（动）	xúnzhǎo	look for
12. 反问	（动）	fǎnwèn	ask in reply
13. 恍然大悟		huǎngrándàwù	suddenly realize what has happened
14. 前仰后合		qiányǎng hòuhé	rock (with laughter)
15. 嗨	（叹）	hāi	Hay!
16. 流血		liú xiě	bleed

（一）根据课文内容，下面哪种现象并没有发生？

    A. 大街上挤满了看热闹的人。

    B. 天上出现了奇怪的现象引起人们的观望。

    C. 看热闹的人多造成了交通堵塞。

    D. 第一位仰头的行人是鼻子流血了。

（二）"哪儿是在望天哪"的意思是：

    A. 是在哪里望天哪　　　B. 不是在望天

    C. 哪里有人望天　　　　D. 没有地方可以望天

（三）为什么那位行人笑得前仰后合？

（四）你有过类似的经历吗？比如说看到商场有人排队……

和旧裤子完全一样

古时候，有个姓杨的人，从市场上买回几尺布，让他的老婆给

第十三课

他做一条裤子。他的老婆问他:"做成什么样的?"他用手指了指刚刚脱下来扔在床上的旧裤子说:"这条裤子我穿着很合适,就照这条裤子的样子做吧!记住,大小肥瘦,要和旧裤子完全一样。"说完,他连打

几个哈欠,倒下就睡了。他的老婆拿起他的旧裤子,不由得皱起了眉头:这条裤子太旧了,已经磨破了好几处。"为什么要照这条裤子的样子去做呢?而且还要完全一样!"老婆怎么也搞不明白,想叫醒丈夫问问,见丈夫睡得正香,只好叹了一口气,低头做起来。

第二天一早,老婆见丈夫一睁眼,就埋怨他说:"新买的布,干吗不做条新裤子,却非要和旧裤子一样呢?"丈夫听了一愣,等他的目光注意到床边时,一下子呆住了:在他昨晚脱下的旧裤子旁边,摆着一条和旧裤子一模一样的裤子,连破的窟窿大小都一样。

生词 New Words

1. 尺　　（名）　chǐ　　　　measurement of length (1/3 of a meter)
2. 扔　　（动）　rēng　　　throw away
3. 合适　（形）　héshì　　　fit
4. 照　　（介）　zhào　　　in accordance with
5. 肥　　（形）　féi　　　　loose
6. 瘦　　（形）　shòu　　　tight
7. 打哈欠　　　　dǎ hāqian　yawn
8. 不由得　　　　bùyóude　　cannot help

9. 皱眉头		zhòu méitóu	knit one's brows
10. 磨		mó	grind; polish
11. 睡得正香		shuì de zhèng xiāng	in fast sleep
12. 睁	(动)	zhēng	open (one's eyes)
13. 干吗		gànmá	why; what on earth; whatever for
14. 目光	(名)	mùguāng	eye-sight
15. 呆	(动)	dāi	be shocked
16. 破	(动)	pò	worn-out
17. 窟窿	(名)	kūlong	hole

(一)下面哪句话是不符合课文原意的？

　　A. 姓杨的人让老婆为他做一条裤子。

　　B. 他的老婆没有听懂他的要求。

　　C. 老婆给他做了一条漂亮的新裤子。

　　D. 老婆新做的裤子和旧裤子完全一样。

(二)姓杨的人说："就照这条裤子的样子做吧！"他的意思是什么？

(三)老婆怎么误会了他的意思？

(四)在你的生活中，有没有遇到过类似的语言误会？

  阅读 4

知 音

　　夏天的夜晚，有一位刚刚学会弹琴的人带着自己的琴来到街心公园。他见周围乘凉的人很多，便把琴放在一张石桌上，从

第十三课

附近找来一个小板凳,然后悠然自得地弹起琴来。乘凉的人们见公园里有人弹琴,都好奇地围了过来。这个人见听琴的人多,心里很得意,自我陶醉起来,可他弹得实在太糟糕了,等他弹完一首曲子,抬眼一看,才发觉听琴的人都走了,只有一个老太太站在他的身旁。这个人感慨地说:"在这个世界上,想找到一个知音实在是太难了,今天我有您这么一位知音,也就心满意足了。"老太太一听,忙回答说:"您太抬举我了!我算什么知音哪?要不是等着拿我家的小板凳,我早就回家睡觉去了。你坐的小板凳是我从家里带来的!"

生词 New Words

1. 知音	(名)	zhīyīn	a person who is deeply appreciative of one's talents
2. 弹(琴)	(动)	tán(qín)	play (a musical instrument)
3. 琴	(名)	qín	general name for certain types of musical instruments, generally plucked
4. 街心公园		jiēxīn gōngyuán	street park
5. 乘凉		chéng liáng	relax in a cool place
6. 附近	(名)	fùjìn	nearby
7. 板凳	(名)	bǎndèng	wooden stool
8. 悠然自得		yōurán zìdé	carefree and content
9. 围	(动)	wéi	surround
10. 得意	(形)	déyì	pleased with oneself

11. 自我陶醉		zìwǒ táozuì	be intoxicated with self-satisfaction
12. 实在	（副）	shízài	really; indeed
13. 糟糕	（形）	zāogāo	what bad luck; too bad
14. (一)首	（量）	(yì) shǒu	for songs and poems
15. 曲子	（名）	qǔzi	tune
16. 发觉	（动）	fājué	find out
17. 感慨	（动）	gǎnkǎi	sigh with emotion
18. 心满意足		xīnmǎn yìzú	satisfied
19. 抬举	（动）	táiju	praise somebody for favor
20. 算	（动）	suàn	count as

（一）根据课文内容，判断正误：

　　A. 弹琴的人弹得很好，很多人都围过来听他弹琴。

　　B. 弹琴的人认为找到一个知音非常不容易。

　　C. 老太太喜欢听他弹的曲子。

　　D. 弹琴的人终于找到一个知音。

（二）课文中的"自我陶醉"是说那位弹琴的人：

　　A. 边弹琴，边喝酒，结果喝醉了。

　　B. 很兴奋，好像喝醉的样子。

　　C. 很满意自己弹琴的样子，自我欣赏。

　　D. 觉得自己很快乐。

（三）谈谈你对"在这个世界上，想找到一个知音实在是太难了"这句话的感受。

（四）你能不能替这个故事换一个结尾。

第十三课

二、词语训练

(一) 在下面的横线上加上适当的词语,并各说一句完整的话:

1. _____得满头大汗
2. _____得水泄不通
3. _____得前仰后合
4. _____得一模一样
5. _____得心满意足
6. _____得无话可说
7. _____得气喘吁吁
8. _____得狼狈不堪
9. _____得满脸通红
10. _____得哭笑不得
11. _____得津津有味
12. _____得垂头丧气

(二) 用括号里的词语完成句子:

1. 原来你是老师啊,_____。(以为)
2. 我去了好几家商店,_____。(好不容易)
3. 看着手里的老照片,_____。(不由得)
4. 我今天吃得太多了,_____。(实在)
5. 你看她,刚刚考了个一百分,_____。(得意)
6. 你们这么踢球肯定赢不了,_____。(拼命)
7. 你管好你自己就行了,_____。(干吗)
8. _____,你一定可以考上大学。(照)

(三) 选择适当的疑问代词替换下面画线的词语,将句子改成问句:

谁　什么　哪儿　多少　几　怎么　哪　怎么样

1. 他让他的老婆给他做一条裤子。
2. 一位刚刚学会弹琴的人在街心公园里弹琴。
3. 小赵特别喜欢看热闹。

4. 大家纷纷侧过身来给他让路。

5. 他从市场上买回五尺布。

6. 听他弹琴的有二三十人。

7. 那个小板凳是老太太家的。

8. 这条裤子他穿着很合适。

(四) 选择适当的动词填空：

流露 同情 观察 寻找 反问 发觉 抬举

1. 来这里的大多是为自己(　　)出路的大学生。

2. 你太(　　)我了,我可没有你说的那么好。

3. "你对这个问题怎么看？"她没有回答我的问题,却(　　)我。

4. 他们俩考试作弊,被老师(　　)了。

5. 老师做实验的时候,你们要仔细(　　)老师的每一个动作。

6. 我很(　　)那个没考上的姑娘,听说她只差一分。

7. 他想出国留学的想法,早就在他说话的字里行间(　　)出来了。

(五) 选择适当的词语填在下面的括号里：

1. 大家一见屋子里着火了,一个个(　　)向屋外逃去。　　(拼命、极力)

2. 她(　　)向经理推荐这个刚刚毕业的大学生。　　(拼命、极力)

3. 这个工作不(　　)你这样的女孩子做。　　(合适、适合)

4. 你穿这条裙子正(　　)。　　(合适、适合)

5. 她(　　)小提琴,我(　　)钢琴。　　(弹、拉)

6. 这些孩子总是围在他的(　　),听他讲有趣的故事。(附近、周围)

7. 我家就在学校(　　)。　　(附近、周围)

8. 老师最近总是(　　)她学习有进步。　　(抬举、夸)

9. 大家(　　)我,让我当了班长。　　(抬举、夸)

三、阅读知识及练习

动物类词语的象征意义

在世界各语种的词汇中,借动物表示某种象征意义的有很多,但是所象征的事物却不尽相同。学习汉语的时候,了解动物在中国人的心目中的象征意义是十分必要的。

我们常见的有象征意义的动物有以下几种:

1. 古代传说中的神异动物。比如说"龙",是中华民族的象征,至今中国人仍然称自己为"龙的传人"。龙又是古代帝王的象征,历代帝王都自称"真龙天子","龙颜、龙床、龙袍"也都是皇帝的专用语。再比如"凤",又称为"凤凰",是古代传说中的百鸟之王,象征祥瑞。古代皇后也自称为"凤","凤"与"龙"相配构成"龙凤呈祥"。"麒麟"也是一种传说中的神奇灵兽,象征祥瑞,自古人们把它看作"天神送子"的象征,民间常有"麒麟送子"的年画。

2. 象征长寿的动物。比如"鹤",是传说中神仙的坐骑之鸟,长生不老,所以又称为"仙鹤"。人们以之象征长寿。至今祝寿时,仍以"松鹤延年"为祝寿词。再比如说"龟",因其寿命最长,也被人们当做长寿的象征。古代陵庙中的石碑下面都有石龟,象征"万古长存"之意。

3. 象征人类某种理想和愿望的动物。

鸳鸯:因成双成对生活在一起,永不分离,人们用鸳鸯象征忠贞的爱情和恩爱夫妻。

鸿鹄:又名天鹅,因飞得高远,象征具有伟大志向的人。

鹰:善展翅高飞,象征勇猛雄健、高瞻远瞩等。

4. 象征人类的某种性格、品德、特征的动物。

狮与虎都是威猛有力的动物,被称作"兽中之王"。因此狮、虎象征勇猛、威武和力量。

牛以力大耐劳著称,象征力量、做事认真、肯吃苦等优良品质。

羊性情温顺,象征可怜、弱小的人。

5. 象征人类的另一面,如凶恶、狠毒、狡猾、贪婪、蠢笨等。

狼象征凶狠、残忍、贪婪。

狐狸象征狡猾。

蛇象征狠毒。

狗象征仗势欺人。

猪、熊、驴象征蠢笨等等。

(一) 猜测下面句子中画线词语的意思,然后查词典看自己的猜测是否准确:

1. 其实这些坏事都是你干的,那个被抓住的孩子只不过是个<u>替罪羊</u>。
2. 老王一生勤勤恳恳地工作,不愧为人民的"<u>老黄牛</u>"。
3. 他的<u>狼子野心</u>世界上的人没有不知道的。
4. 你不要因为有人为你撑腰就<u>狗仗人势</u>欺负人。
5. 这个<u>老狐狸</u>,把我们大家都骗了。
6. 挺漂亮的一个女人,怎么生就一副<u>蛇蝎心肠</u>?
7. 他看着手下一个个<u>虎将</u>,心里别提多得意了。
8. <u>燕雀</u>安知<u>鸿鹄</u>之志哉?
9. <u>狗</u>嘴里吐不出<u>象牙</u>。

(二) 查词典,了解下面词语中动物的象征意义:

鹏程万里　一马当先　狡兔三窟　天下乌鸦一般黑

鸿雁传书　鹬蚌相争　井底之蛙　秋后的蚂蚱

第十四课

一、课文阅读与理解

 阅读 1

好好先生

从前有一个书生,是村子里出了名的"老好人"。他做事总是四平八稳的,说话也从来不得罪人,人们都叫他"好好先生"。有一天,住在村东头的李大嫂和住在他家对过儿的张二姐吵嘴,两个人谁也不服输。李大嫂就来找

"好好先生"评理。"好好先生"听李大嫂讲述了事情的经过,连声说:"这件事我看你有理。"过了一会儿,张二姐也来找"好好先生"评理,"好好先生"听完她的讲述,不停地点头说:"这件事错的不是你。"后来,李大嫂和张二姐一起来找他评理,"好好先生"对她们说:"我觉得你们说的都对。"他的妻子在一旁听了,忍不住说:"你说她们说的都对,那谁是不对的呢?""好好先生"看了妻子一眼,不紧不慢地对妻子说:"你说的也有道理。"

 生 词 New Words

1. 书生	（名）	shūshēng	intellectual; scholar
2. 村子	（名）	cūnzi	village
3. 出名		chū míng	become famous; famous
4. 老好人		lǎohǎorén	a person who tries never to offend others and is indifferent to matters of principle
5. 四平八稳		sìpíng bāwěn	dependable or reliable (in work and speech)
6. 大嫂	（名）	dàsǎo	a form of address for a married woman about one's own age
7. 吵嘴		chǎo zuǐ	quarrel; bicker
8. 评理		píng lǐ	judge between right and wrong
9. 讲述	（动）	jiǎngshù	narrate; expound; explain
10. 经过	（名）	jīngguò	process; course
11. 一旁	（名）	yìpáng	one side
12. 道理	（名）	dàolǐ	reasonable

  阅 读 理 解

（一）关于"好好先生"，课文中没有提到的是：

A. 他做事很小心，害怕出错。

B. 他对谁都说好，从来不得罪人。

C. 大家都喜欢他，因为他很会解决矛盾。

D. 他从来不当面说一个人不好。

第十四课

（二）"好好先生"的意思是：

A.总是为大家做好事。

B.谁也不得罪，对谁都说好。

C.做事情总是很认真。

D.每件事情都做得很好。

（三）谈谈你对"好好先生"这种人的看法。

（四）在你的周围，有没有"好好先生"？说说有关他(她)的故事。

拉链儿

有个病人得了阑尾炎，在医院做了手术。开刀以后，觉得肚子疼得难受，刚要让人去请大夫，只见做手术的大夫慌慌张张地跑来了，一个劲儿地说"对不起"。病人奇怪地问："怎么啦？是不是我的手术……""手术很成功，只是……只是……只是我把剪子落在你的肚子里了。"大夫红着脸解释说。病人一听吓坏了，大夫忙安慰他说："不要紧！再做一个小小的手术就可以把剪子取出来。"病人只好又挨了一刀。剪子取出来了，病人还是感到难受，大夫也觉得莫名其妙。经过全面的身体检查，大夫不好意思地对病人说："实在抱歉，我把棉球又落在里面了。"病人只好再开刀。临上手术台时，病人对大夫说："大夫，这回开完刀别缝上了，干脆给我安个拉链儿吧！"

生词 New Words

1. 拉链儿	(名)	lāliànr	zip
2. 阑尾炎		lánwěiyán	appendicitis
3. 手术	(名)	shǒushù	surgical operation
4. 开刀		kāi dāo	have an operation
5. 难受	(形)	nánshòu	not feel good; feel ill
6. 大夫	(名)	dàifu	doctor
7. 慌慌张张		huānghuangzhāngzhāng	in a flurry
8. 一个劲儿		yígejìnr	time and again
9. 成功	(形)	chénggōng	succeed
10. 剪子	(名)	jiǎnzi	shears; scissors
11. 安慰	(动)	ānwèi	comfort
12. 莫名其妙		mòmíngqímiào	inexplicable; incredible
13. 全面	(形)	quánmiàn	comprehensive
14. 检查	(动)	jiǎnchá	examine
15. 棉球	(名)	miánqiú	tampon
16. 手术台		shǒushùtái	operating table
17. 缝	(动)	féng	sew up
18. 安	(动)	ān	install

(一) 根据课文内容,判断正误:

　　A. 做手术的大夫是一个很马虎的人。

　　B. 病人的阑尾炎手术很不成功。

第十四课

C. 大夫把拉链儿落在病人肚子里。

D. 大夫给病人做了三次手术。

(二)"病人只好又挨了一刀"是说:

A. 病人被大夫杀死了。

B. 重新给病人做阑尾炎手术。

C. 开刀取出病人肚子里的剪子。

D. 病人气得给大夫一刀。

(三)病人为什么说"给我安个拉链儿吧"?

(四)你遇到过做事马马虎虎的人吗?说说他(她)的故事。

外科大夫

有个士兵在战场上中了一箭,疼痛难忍,忙请来一位外科大夫为他医治。外科大夫看了看插在他身上的箭,连连说:"没问题!没问题!这只是个小手术,几分钟就可以解决问题。"说着,他拿起一把剪子,"咔嚓"一声,把露在伤口外面的箭杆剪断,然后,熟练地把受伤的部位用纱布包了起来,便提起药箱准备离开。受伤的士兵见他要走,着急地问他:"你怎么剪断箭杆就走呢?箭头还在里面呢!"说着,疼得又叫了起来。外科大夫温和地拍拍士兵的肩膀,摇摇头说:"我很同情你,可我是外科大夫,我的事情已经做完了。至于里边的箭头,我也没有办法,你还是请个内科大夫继续为你医治吧!"

1. 外科	（名）	wàikē	surgical department
2. 士兵	（名）	shìbīng	soldier
3. 战场	（名）	zhànchǎng	battle field
4. 中箭		zhòng jiàn	be hit by an arrow
5. 疼痛	（名）	téngtòng	ache; hurt
6. 医治	（动）	yīzhì	cure
7. 插	（动）	chā	insert
8. 解决	（动）	jiějué	solve
9. 咔嚓	（拟声）	kāchā	the sound of something splitting; cracking
10. 露	（动）	lòu	expose
11. 箭杆	（名）	jiàngǎn	arrow shaft
12. 剪断		jiǎnduàn	cut off
13. 熟练	（形）	shúliàn	skillful
14. 纱布	（名）	shābù	gauze
15. 药箱	（名）	yàoxiāng	medical-kit
16. 箭头	（名）	jiàntóu	arrow head
17. 温和	（形）	wēnhé	mild
18. 至于	（连）	zhìyú	as for; as to
19. 内科	（名）	nèikē	internal medicine

（一）根据课文,下面哪句话是不符合课文原意的：

A. 中箭的士兵请外科大夫为他治病。

第十四课

B. 外科大夫很快就治好了士兵的伤口。

C. 外科大夫很同情受伤的士兵。

D. 外科大夫认为取出箭头是内科大夫的工作。

(二) 外科大夫最后说的话有没有道理?

(三) "外科大夫温和地拍拍士兵的肩膀"中的"温和"和下面哪句话中的"温和"意思相同?

  A. 这里气候温和,四季如春。

  B. 她用温和的目光看着我。

  C. 汤还温和着呢,快喝吧。

(四) 以士兵的口气讲述这个故事。

只有一个缺点

  一家公司招聘办公室走进一位应聘人。他向主考人介绍自己的情况:"我这个人在工作上勤勤恳恳,每天早来晚走,从不计较工作时间的长短,也不计较报酬的多少;在和别人的交往上,我待人和气,彬彬有礼,从没跟人发过脾气;在生活上,我不抽烟,不喝酒,不赌博,不追女人……"

  主考人耐心地听完他滔滔不绝的介绍,面带敬佩的神色对他说:"听了您的自我介绍,我十分钦佩,您真是一个十全十美的

人。"

这位应聘人忙回答:"哪里哪里!我这个人也不是没有缺点。我有一个小毛病,就是说话有时候言过其实……"

生 词 New Words

1. 缺点	(名)	quēdiǎn	defect, weakness
2. 招聘	(动)	zhāopìn	advertise for a vacancy
3. 应聘人		yìngpìnrén	interviewee
4. 主考人		zhǔkǎorén	interviewer
5. 勤勤恳恳		qínqínkěnkěn	diligent and conscientious
6. 计较	(动)	jìjiào	fuss about
7. 报酬	(名)	bàochou	remuneration; reward
8. 交往	(动)	jiāowǎng	contact; associate
9. 待人和气		dài rén héqì	be kind to people
10. 彬彬有礼		bīnbīnyǒulǐ	refined and courteous
11. 发脾气		fā píqì	lose temper
12. 赌博	(动)	dǔbó	gamble
13. 追女人		zhuī nǚrén	flirt with women
14. 耐心		nàixīn	patient
15. 滔滔不绝		tāotāobùjué	talk on and on in a flow of eloquence
16. 敬佩	(动)	jìngpèi	respect and admire
17. 神色	(名)	shénsè	expression, look
18. 钦佩	(动)	qīnpèi	admire
19. 十全十美		shíquán shíměi	perfect
20. 言过其实		yánguòqíshí	exaggerate

第十四课

（一）根据课文内容,判断正误:

    A. 应聘人是一个十全十美的人。

    B. 应聘人是一个说话言过其实的人。

    C. 主考人十分欣赏这位聘考人。

    D. 应聘人说自己只有一个缺点。

（二）说"哪里哪里"的意思是:

    A. 谦虚的话,意思是我没有您说的那么好。

    B. 表示询问,问对方自己好在什么地方。

    C. 表示没有听清楚对方的话,请对方重复一遍。

    D. 表示自信,认为自己什么地方都很好。

（三）主考人说的话带有一种什么语气?

（四）你在应聘一个岗位时,怎么介绍自己?

二、词语训练

（一）从课文中选出与下面语句意思相近的词语:

    1. 努力而认真(地工作)　　　　　　　　　　（　　　）

    2. 对人态度温和而有礼貌　　　　　　　　　（　　　）

    3. 各方面都非常好,找不出毛病　　　　　　（　　　）

    4. 做事很仔细,怕出差错　　　　　　　　　　（　　　）

    5. 表示事情很奇怪,使人不明白　　　　　　（　　　）

    6. 说出的话不符合实际,过于夸张　　　　　（　　　）

    7. 形容连续不断,不停地说话　　　　　　　（　　　）

（二）将下面的句子改写成"把"字句:

    1. 再做一个小手术就可以取出剪子。

    _____。

2. 大夫用剪子剪断露在伤口外面的箭杆。

_____。

3. 李大嫂讲述了事情的经过。

_____。

4. 我的事情已经做完了。

_____。

5. 大夫用纱布包好伤口。

_____。

6. 他向主考人介绍了自己的情况。

_____。

(三) 用括号里的词语完成句子：

1. 你就好好准备你的婚礼吧，_____。（至于）
2. 他这么说我就不行，_____。（评理）
3. 他一见女朋友被气哭了，_____。（一个劲儿）
4. 这孩子很聪明,弹琴才学了半年，_____。（熟练）
5. 你不应该对她发脾气，_____。（耐心）
6. 她最近心情不好，_____。（安慰）
7. 考完了不要着急交给老师，_____。（检查）

(四) 选择适当的词语填空：

讲述　全面　解决　计较　敬佩　难受　温和

1. 妈妈从来没有对我们发过脾气,总是非常(　　)地给我们讲道理。
2. 我不(　　)钱多钱少,只要是我喜欢做的工作就行。
3. 你这么看不起我,我心里真的很(　　)。
4. 学生光学习好不行,要在思想、学习、身体各方面(　　)发展。
5. 球迷们都以(　　)的目光注视着这位伟大的运动员。
6. 你们提出的问题我们研究一下,一定尽快帮你们(　　)。
7. 他向警察(　　)这次交通事故的经过。

(五) 阅读下面的短文,并给短文加上合理的结尾：

丈夫回到家,妻子见他满脸通红,忙问他怎么了。丈夫涨红着脸说:"我们公司的老板太让我生气了。他说从一月起给我们涨工资,现在都二月了,涨工资的事他连提都不提。我气坏了,今天我闯进他的办公室,用力拍着桌子,要求马上增加工资。"妻子一听吓坏了:"你一定把老板得罪了,老板没骂你吗?"丈夫回答说:"……"

三、阅读知识及练习

植物类词语的象征意义

人们喜欢树,喜欢花,不同的国家、不同的城市都有被当地人命名的国树、国花和市树、市花,由于文化环境不同,人们也许喜欢某种植物,而对另一种植物则可能无动于衷。人们喜欢某种植物,除了喜欢植物本身的美丽外表之外,更重要的是喜欢在这种植物身上体现出来的某种象征意义。中国各地的市树、市花虽不尽相同,但是人们对某些植物有着共同的爱好,对其象征意义也有共同的认识。了解这些植物在中国人的心目中的象征意义也是十分必要的。

我们常见的有象征意义的植物有以下几种:

梅、兰、菊、竹,被古人誉为花木中的"四君子"。

梅花,喜欢在严寒的冬天盛开,象征不畏困境,意志坚强。

兰花,多生于深林,其花淡雅幽香,古人以兰花比喻恬淡秀丽,品行高洁脱俗之人。

菊花,在秋末冬初时开放,具有凌霜耐寒、清香飘逸等特性,所以人们用菊花来象征坚毅、清雅、淡泊的品格。

竹子,因其高直挺拔,冬夏常青,中空有节,质地坚硬等特性,人们用来象征正直、坚贞、谦虚、有气节、有骨气等高尚品格。

除此之外,还有一些植物因其自身的特点而被人们歌颂。

松树,因其四季常青,树龄长达千年,象征着长寿。又因其多挺立于石岩峰顶,严冬之时,傲立风雪,人们以松树象征刚直不阿的英雄气概。

桃子,也是象征长寿的。中国人至今仍以寿桃祝寿,生日蛋糕也常做成桃子的形状。

莲花,因其"出淤泥而不染"而象征纯洁、正直等品性。

牡丹花,自古被人们称作"花之王后"、"国色天香",被用来象征富贵、荣华、幸福,牡丹花也被称为中国的国花。

 练习 Exercises

(一)填空:

1. (　　)象征富贵、荣华和幸福。

2. (　　)象征谦虚。

3. (　　)象征刚正不阿的英雄气概。

4. (　　)和(　　)象征长寿。

5. (　　)出淤泥而不染。

6. (　　)、(　　)、(　　)、(　　)被人们誉为花木中的"四君子。"

(二)说说你们国家主要植物的象征意义。

第十五课

一、课文阅读与理解

 阅读 1

这次听您的

有一个小伙子,跟父亲一起过日子。他对父亲很不孝顺,父亲指东他向西,让他干什么他偏不干什么,气得父亲一点儿办法也没有。后来,父亲病重,临死的时候,心里想:"这孩子平时不听我的,

做事总和我顶着。我要是让他把我葬在土里,他一定会把我葬在水里,不如反着说。"于是,他把儿子叫到床前,千叮咛万嘱咐,让儿子一定要把自己葬在水里,说完就死了。这时候,小伙子想起父亲平时对自己的关心和照顾,忽然觉得自己对不住父亲,便大声哭着说:"爸爸!我过去总不听您的话,惹您生气,我真糊涂哇!这次,我听您的!"于是,他以隆重的仪式,把父亲葬在水中。

 New Words

| 1. 孝顺 | (动) | xiàoshùn | show filial obedience |

2. 病重		bìngzhòng	seriously ill
3. 顶	（动）	dǐng	retort; refute
4. 葬	（动）	zàng	bury
5. 反着说		fǎnzhe shuō	say one thing while mean the other
6. 关心	（动）	guānxīn	care; concern
7. 照顾	（动）	zhàogù	look after
8. 对不住		duìbuzhù	let someone down
9. 糊涂	（形）	hútu	careless
10. 以	（介）	yǐ	by means of
11. 隆重	（形）	lóngzhòng	solemn; grand; ceremonious
12. 仪式	（名）	yíshì	ceremony

阅 读 理 解

（一）根据课文内容，判断正误：

　　A. 儿子平时对父亲的话从来不听。

　　B. 父亲临死之前故意说反话。

　　C. 父亲死了，儿子因为没人照顾自己而大哭。

　　D. 儿子完全按照父亲的遗愿去做了。

（二）"这孩子平时不听我的，做事总和我顶着"中的"顶"和下面哪句话中的"顶"的意思相近？

　　A. 这个运动员把球顶进了自家的大门。

　　B. 我刚说出我的理由，就被他顶回去了。

　　C. 她一个人的饭量能顶上两个小伙子。

　　D. 雨一直下个不停，我们只好顶着大雨回家去。

（三）写出由"千……万……"构成的词语。

（四）谈谈现在社会上年轻人的逆反心理。

第十五课

一问三不知

快到期末考试了,学校老师给学生的家庭作业多起来了,不光给学生留作业,还给家长留作业,让家长帮孩子背课文、默写生词,还要求家长给孩子检查作业。

这一天,小刚的爸爸帮助孩子检查完作业,想顺便考考孩子的历史知识,就随便向孩子提了几个很简单的问题,谁知孩子一道题也没答上来。爸爸顿时火冒三丈,指着孩子的鼻子训斥说:"这历史你是怎么学的?一问三不知!""什么叫'三不知'啊?"

小刚不解地问。没想到这一问倒把爸爸问住了。"是啊!什么叫'三不知'啊?"爸爸转身问小刚的妈妈,妈妈也尴尬地摇了摇头。

小刚的爸爸苦苦思索了半天,猛然省悟过来,他先指着小刚说:"你不知,"然后指指小刚的妈妈:"她不知,"最后指着自己的鼻子说:"我也不知。"

生 词 New Words

1. 期末　　　　(名)　　qīmò　　　　the end of the semester
2. 家庭作业　　　　　　jiātíng zuòyè　homework
3. 不光　　　　(连)　　bùguāng　　　not only

4. 背	（动）	bèi	learn by heart
5. 默写	（动）	mòxiě	write from memory
6. 要求	（动）	yāoqiú	require; request
7. 历史	（名）	lìshǐ	history
8. 顺便	（副）	shùnbiàn	incidentally; in passing
9. 知识	（名）	zhīshi	knowledge
10. 火冒三丈	（动）	huǒmàosānzhàng	fly into a terrible rage
11. 训斥	（动）	xùnchì	reprimand; rebuke
12. 尴尬	（形）	gāngà	awkward; embarrassed
13. 苦苦	（副）	kǔkǔ	painstakingly
14. 思索	（动）	sīsuǒ	ponder; think deeply
15. 猛然	（副）	měngrán	suddenly; abruptly
16. 省悟	（动）	xǐngwù	be aware

（一）根据课文内容，判断正误：

    A. 考试前学生的作业多起来了。

    B. 父母也要帮助孩子写作业。

    C. 父母回答不出孩子提出的问题。

    D. 孩子回答出了爸爸提出的历史问题。

（二）"爸爸顿时火冒三丈"的意思是：

    A. 爸爸身上突然着起火来。

    B. 爸爸一着急头上就冒火。

    C. 爸爸立刻生起气来。

    D. 爸爸马上抽起烟来。

（三）"一问三不知"指的是什么？

（四）如果你回答不出孩子提出的问题？你会怎么办？

第十五课

西红柿

李四的父亲去世了,亲戚和朋友们都来送葬。葬礼过后,李四摆了几桌宴席请大家吃饭。就在大家吃得热闹的时候,李四忽听有人喊他,他回头一看,只见一位老人用筷子指着饭桌上的木樨西红柿大声叫道:"快把这个菜拿下去!"李四忙跑到老人的饭桌跟前,小心地问道:"这个菜怎么了?是不是做咸了?"老人连连摇头说:"菜做咸点儿倒没关系,只是你家今天办丧事,饭桌上不能有西红柿!"李四有点儿纳闷儿:"那为什么?"老人深深地叹了一口气说:"李四呀,李四!你都这么大了,还是这么不懂事!西红柿是红色的,红色表示喜庆,办丧事怎么能把这种菜摆上桌呢?快拿下去!"李四听了老人的话,不服气地顶了一句:"照您这种说法,那每天吃白米饭的人家,难道是天天在办丧事吗?"

生词 New Words

1. 西红柿　　　(名)　　　xīhóngshì　　　tomato

2. 去世	（动）	qùshì	pass away
3. 送葬		sòng zàng	participate in a funeral procession
4. 葬礼	（名）	zànglǐ	funeral
5. 摆	（动）	bǎi	set (the table)
6. 木樨	（名）	mùxi	cooked egg
7. 小心	（形）	xiǎoxīn	careful; cautious
8. 咸	（形）	xián	salty
9. 连连	（副）	liánlián	constant
10. 倒	（副）	dào	expressing concession
11. 丧事	（名）	sāngshì	funeral arrangement
12. 纳闷儿		nàmènr	feel puzzled; wonder
13. 深深地		shēnshēnde	deeply
14. 表示	（动）	biǎoshì	show
15. 喜庆	（形）	xǐqìng	happy
16. 说法	（名）	shuōfa	statement, argument
17. 难道	（副）	nándào	used in a rhetorical question for emphasis; can be used at the beginning of the sentence and the end of the sentence can take "吗" or "不成"

阅 读 理 解

（一）根据课文内容，判断正误：

A. 李四请参加送葬的亲戚和朋友们吃饭。

B. 一位老人因为菜做得太咸而生起气来。

C. 老人不爱吃西红柿。

D. 小李不同意老人的说法。

（二）老人为什么让李四把西红柿拿下去？

（三）李四说："照您这种说法,那每天吃白米饭的人家,难道是天天在办丧事吗？"这是什么意思？

（四）在你的国家红色和白色有什么特别的含义吗？

阅读 4

你买个洗衣机不就得了？

有一位老人,很早以前就死了老婆。为了儿子,他一直没有再婚,辛辛苦苦把儿子养大。眼看着儿子大学毕业了,又在一家有名的公司找到了工作,老人心里别提多高兴啦！可儿子参加工作以后,常常去外地出差,有时一去就是一两个月。老人一个人在家,渐渐感到寂寞了,整天守着电视机消磨时光。他见电视里常有老人再婚的报道,就产生了再找一个老伴儿的念头,可又怕儿子不同意,自己也不好意思把这想法直接讲出来,于是,试探地对儿子说："晚上一个人睡觉脚冷。"儿子一听,第二天就去商店给他买了个暖水袋。老人又说："一个人在家,后背痒了也没人给挠。"儿子忙又给老人买了一把"痒痒挠儿"。老人到底也没把再婚的考虑说出口。不久,儿子交了个女朋友,打算结婚。先和老人商量："爸,您年纪大了,我工作又忙,家里连个洗衣服的都没有,您看……"老人一听心里就明白了,他没好气地对儿子说："你买个洗衣机不就得了？"

 生　词　New Words

1. 再婚		zài hūn	remarry
2. 辛辛苦苦		xīnxīnkǔkǔ	take a lot of pains
3. 毕业		bì yè	graduate
4. 渐渐	（副）	jiànjiàn	gradually
5. 寂寞	（形）	jìmò	lonely; solitary
6. 守	（动）	shǒu	close to, be together with
7. 消磨	（动）	xiāomó	while away the time news report
8. 时光	（名）	shíguāng	time; days
9. 报道	（名）	bàodào	news report
10. 老伴儿	（名）	lǎobànr	husband or wife(of an old married couple)
11. 念头	（名）	niàntou	idea
12. 直接	（形）	zhíjiē	directly
13. 试探	（动）	shìtàn	trial
14. 暖水袋		nuǎnshuǐdài	hot-water bag
15. 痒	（动）	yǎng	itch
16. 挠	（动）	náo	scratch
17. 痒痒挠儿	（名）	yǎngyǎngnáor	back-scratchier
18. 到底	（副）	dàodǐ	to the end; finally
19. 交(朋友)	（动）	jiāo(péngyou)	make (friends)

 阅　读　理　解

（一）根据课文内容，判断正误：

A. 父亲一个人辛辛苦苦把儿子养大。

第十五课

　　B. 儿子马上就大学毕业了。

　　C. 老人希望再婚,可又怕儿子反对。

　　D. 老人试探着把自己想再婚的意思说了出来。

(二) "老人心里别提多高兴啦"是说:

　　A. 老人不让别人说这高兴的事情。

　　B. 老人心里高兴极了。

　　C. 老人不想把这高兴的事告诉别人。

　　D. 老人心里高兴,嘴上不说。

(三) "你买个洗衣机不就得了？"的意思是:

　　A. 你买个洗衣机就行了。

　　B. 你不要买洗衣机。

　　C. 用不着买洗衣机。

　　D. 你可以得到一个洗衣机。

(四) 你怎么看待老人再婚一事？

二、词语训练

(一) 选择适当的副词填空:

　　　　顺便　苦苦　猛然　连连　渐渐　到底　难道

1. 天(　)凉了,出门多穿点儿衣服。

2. 我练习了二十多天,(　)把这门技术学会了。

3. 她(　)哀求警察原谅她这一次。

4. 我明天去上海出差,(　)回老家看看。

5. 听到后面有脚步声,她(　)回过头来。

6. 由于紧张,他说话(　)出错。

7. 全世界的人都知道的事,(　)你不知道吗？

(二) 从课文中选出下面词语的近义词:

　　打算(　)　关切(　)　不但(　)　思考(　)
　　突然(　)　逝世(　)　表现(　)　时间(　)

(三) 用括号里的词语完成句子：

1. 这位老人没有儿女，_____。（照顾）
2. 他怎么会认识我？_____。（纳闷儿）
3. 没有考上大学，_____。（对不住）
4. _____，结果还是没有考上大学。（辛辛苦苦）
5. 我在这里没有朋友，_____。（寂寞）
6. 您帮了我们的大忙，_____。（深深地）

(四) 读下面的句子，注意句中带点儿词语的用法，并模仿造句：

1. 让他干什么他偏不干什么，气得父亲一点儿办法也没有。
2. 他把儿子叫到床前，千叮咛万嘱咐，让儿子一定要把自己葬在水里。
3. 爸爸顿时火冒三丈，指着孩子的鼻子训斥说："这历史你是怎么学的？一问三不知！"
4. 菜做咸点儿倒没关系，只是你家今天办丧事，饭桌上不能有西红柿！
5. 老人心里别提多高兴啦！
6. 儿子参加工作以后，常常去外地出差，有时一去就是一两个月。
7. 你买个洗衣机不就得了？

(五) 阅读下面的短文，并给短文加上合理的结尾：

一个小个子男人走进酒吧，要了三杯酒，一饮而尽。从那天起，他经常光顾这个酒吧，每次都要三杯酒。有一天，酒吧的服务员好奇地问他："为什么你每次都要三杯酒呢？"他回答说："我有两个最要好的朋友，我们过去经常在一起喝酒。现在，我们各奔东西了。我非常怀念我们在一起喝酒的日子，所以，你看，这杯酒是我自己的，那两杯酒是我替我的两个朋友喝的。"这样过了一段日子，有一天，那个小个子男人来到酒吧以后，只要了两杯酒。服务员感到很奇怪，就试探着问他："也许我不该问，可是我很想知道：你的一个朋友是不是出事了？"小个子男人回答说："……"

三、阅读知识及练习

人名用做专有名词的特殊含义

我们阅读的文章中，常常会出现一些人物的名字。他们本来多是历史中的真实人物或传说中的主人公。由于这些人物的某一性格或特点突出，给人以深刻的印象,以致后来的人们一提起这一人物,就自然而然地想起他们的性格特点。逐渐地,这些人物的名字就有了特殊的含义,演变成一种用于比喻的专有名词。比如说,现在的人们提到诸葛亮这个名字,人们马上想到的是聪明、智慧。诸葛亮是三国时代的人物,他以聪明、善于指挥战争而著称。在《三国演义》这部名著中,诸葛亮更是被写成能掐会算的神人。诸葛亮的故事流传至今,成为中国家喻户晓的人物。俗话说:"三个臭皮匠,合成一个诸葛亮",意思就是说"人多智慧多"。诸葛亮成了聪明、智慧的代名词。现在,人们把头脑中充满智慧的老人,称为"老诸葛";把虽然年轻却聪明过人的称为"小诸葛"。如果我们对诸葛亮这一人物不了解,就无法知道"诸葛"在文章中的确切含义。因此,了解一些大众化的,一般中国人都知道的有着某种特殊意义的人物的名字以及所代表的特殊含义还是很有必要的。

下面一些人物的名字在中国是妇孺皆知的,对于汉语学习者来说,应该了解他们的特点或性格,掌握他们名字的喻义。

1. 尧舜

尧和舜,传说是上古的贤明君主。后人把贤明、能干的君主或圣人,称为"尧舜";以"尧天"、"尧年"、"尧天舜日"、"尧年舜日"等比喻太平盛世。

2. 桀纣

桀是夏朝最后一个君主,纣是商朝最后一个君主,相传他们都是中国古代的暴君。因此,人们把残暴的君主称为"桀纣",将那些帮助坏人做坏事的人说成是"助桀为虐"或"助纣为虐"。

3. 鲁班

中国古代杰出的建筑工匠,有很多建筑方面的发明。现在的人们把优秀的工匠称为"活鲁班";把那些不自量力的人称为"班门弄斧"。

4. 张飞

三国时的蜀汉大将,以作战勇猛著称。现在人们将勇猛的人叫做"猛张飞"。因其口大、眼大,又有"张飞吃豆芽儿——小菜"、"张飞拿耗子——大眼瞪小眼"等歇后语。

5. 包公(包拯)

北宋时期的清官,以廉洁著称,执法严峻,不畏权贵。人称"包青天"。他的故事在民间广为流传。现在人们仍然将为民做主的人,称为"青天大老

爷"。

6. 西施

中国古代"四大美女"之一。被认为是最漂亮女人的代名词,有"情人眼里出西施"为证。

7. 月下老人

民间传说中专司人间婚姻的神,遇到有姻缘的男女,就用红丝绳暗中系在他们的脚上,使他们结为夫妇。现在人们仍将为男女青年介绍婚姻的人称为月下老人,简称"月老"。

 练习 **Exercises**

(一) 下面是根据古代故事演变成的成语,查词典,说出成语中哪些词语是人物的名字,讲述这个成语故事,并说出这个成语所表达的意思:

东施效颦　精卫填海　夸父逐日　愚公移山　庆父不死,鲁难未已

毛遂自荐　叶公好龙　名落孙山　塞翁失马　司马昭之心,路人皆知

(二) 查词典,说出下面一些人物所代表的是哪一类人:

阿Q　武松　哼哈二将　李逵与李鬼

阿斗　关公　赵公元帅　红娘

总词汇表

（数字表示课文序号）

A

唉声叹气	āishēng tànqì	7-2
挨饿	ái'è	7-4
安	ān	14-2
安慰	ānwèi	14-2
岸边	ànbiān	9-4
暗地里	àndìli	12-4
熬	áo	11-2

B

白	bái	6-3
白菜	báicài	11-2
白马王子	báimǎ wángzǐ	1-4
摆	bǎi	15-3
拜访	bàifǎng	9-1
板凳	bǎndèng	13-4
办事员	bànshìyuán	10-3
保证	bǎozhèng	5-4
报酬	bàochou	14-4
报道	bàodào	15-4
报告	bàogào	1-1
抱歉	bàoqiàn	6-4
抱怨	bàoyuàn	3-2
暴雨	bàoyǔ	9-4
背	bēi	15-2
被窝儿	bèiwōr	8-3
本地	běndì	9-1
本事	běnshi	6-2
笨	bèn	10-4
比	bǐ	12-4
毕业	bì yè	15-4
闭口不谈	bìkǒu bùtán	8-4
闭嘴	bì zuǐ	13-1
编	biān	2-3
编辑	biānjí	4-2
辩解	biànjiě	2-1
表白	biǎobái	5-4
表示	biǎoshì	15-3
别扭	bièniu	10-1
彬彬有礼	bīnbīnyǒulǐ	14-4
饼	bǐng	7-4
病重	bìngzhòng	15-1
脖子	bózi	7-4
不断	búduàn	9-1
不对劲儿	búduìjìnr	5-2
不像话	búxiànghuà	10-3
不光	bùguāng	15-2
不慌不忙	bùhuāng bùmáng	3-1
不加考虑	bùjiā kǎolǜ	5-4
不解	bùjiě	7-3
不紧不慢	bùjǐn bùmàn	3-1

不如	bùrú	10-2
不时	bùshí	6-4
不由得	bùyóude	13-3
不由自主	bùyóuzìzhǔ	8-3

C

采访	cǎifǎng	8-1
侧身	cè shēn	12-1
插	chā	14-3
察看	chákàn	10-3
差	chà	2-2
尝	cháng	6-2
嘲笑	cháoxiào	10-1
吵	chǎo	3-2
吵嘴	chǎo zuǐ	14-1
沉不住气	chénbuzhùqì	11-3
称	chēng	3-4
成功	chénggōng	14-2
乘(船)	chéng(chuán)	9-4
乘凉	chéng liáng	13-4
吃惊	chī jīng	1-1
吃请	chīqǐng	6-3
尺	chǐ	13-3
尺码	chǐmǎ	7-3
冲	chōng	9-4
冲	chòng	6-3
酬金	chóujīn	11-3
臭	chòu	5-3
出差	chū chāi	3-2
出毛病	chū máobing	4-4
出名	chū míng	14-1
出难题	chū nántí	6-2

出远门	chū yuǎnmén	7-4
除非	chúfēi	8-1
除了……还……	chúle...hái...	4-1
处长	chùzhǎng	9-3
船夫	chuánfū	9-4
喘着粗气	chuǎn zhe cūqì	1-3
垂头丧气	chuítóu sàngqì	3-4
闯祸	chuǎng huò	11-2
唇	chún	1-4
匆忙	cōngmáng	11-1
聪明过人	cōngmíng guòrén	8-2
从……起	cóng...qǐ	9-1
从来	cónglái	12-2
凑	còu	1-1
凑(份子)	còu(fènzi)	5-4
村子	cūnzi	14-1
错误	cuòwù	9-3

D

答复	dáfù	11-3
打赌	dǎ dǔ	12-3
打断	dǎduàn	9-3
打哈欠	dǎ hāqian	13-3
打呼噜	dǎ hūlu	3-2
打架	dǎ jià	2-3
大吃一惊	dàchīyìjīng	3-3
大概	dàgài	1-1
大官	dàguān	8-2
大怒	dànù	12-4
大嫂	dàsǎo	14-1
大寿	dàshòu	9-2
大喜	dàxǐ	12-4

总词汇表

大意	dàyi	12-2	洞	dòng	7-4
呆	dāi	13-3	兜	dōu	2-4
待会儿	dāihuìr	7-1	豆腐	dòufu	6-1
大夫	dàifu	14-2	堵车	dǔ chē	2-3
代笔	dàibǐ	11-1	堵塞	dǔsè	13-2
带伤	dàishāng	10-3	赌博	dǔbó	14-4
待人和气	dàirén héqì	14-4	赌钱	dǔ qián	10-2
耽误	dānwù	2-3	肚子	dùzi	7-2
蛋	dàn	10-4	渡船	dùchuán	9-4
当场	dāngchǎng	4-4	断绝	duànjué	4-3
当面	dāng miàn	5-3	对不住	duìbuzhù	15-1
当做	dàngzuò	7-4	对了	duì le	4-1
倒	dào	15-3	蹲	dūn	1-3
倒是	dàoshì	7-2	顿时	dùnshí	10-4
到底	dàodǐ	15-4	躲闪不及	duǒshǎn bùjí	11-4
到任	dào rèn	9-2			
道理	dàolǐ	14-1		**E**	
得奖	dé jiǎng	8-1	恶狠狠	èhěnhěn	6-3
得意	déyì	13-4	饿	è	7-4
得意洋洋	déyì yángyáng	8-4	而	ér	7-2
得罪	dézuì	5-2	而且	érqiě	12-2
蹬	dēng	11-4	二小子	èrxiǎozi	2-2
等候	děnghòu	1-2			
瞪	dèng	1-4		**F**	
嘀咕	dígu	5-2	发财	fā cái	8-4
递	dì	6-2	发觉	fājué	13-4
钓(鱼)	diào(yú)	3-4	发脾气	fā píqì	14-4
叮咛	dīngníng	5-4	罚款	fá kuǎn	11-4
盯	dīng	9-3	翻身	fān shēn	8-3
顶	dǐng	15-1	反问	fǎnwèn	13-2
定	dìng	6-3	反着说	fǎnzhe shuō	15-1
冬瓜	dōngguā	6-4	犯	fàn	9-3

187

放学	fàng xué	2-2	各家各户	gèjiā gèhù	9-2
非	fēi	12-2	更新	gēngxīn	8-4
肥	féi	13-3	工厂	gōngchǎng	11-4
废话	fèihuà	4-4	公事公办	gōngshì gōngbàn	9-3
肺	fèi	6-2	够呛	gòuqiàng	10-2
费劲	fèi jìn	7-2	古诗	gǔshī	2-2
纷纷	fēnfēn	13-1	故意	gùyì	12-2
丰满	fēngmǎn	4-3	顾	gù	2-3
风吹草动	fēngchuī cǎodòng	3-4	雇	gù	10-4
缝	féng	14-2	乖乖地	guāiguāide	1-3
讽刺	fěngcì	4-3	怪	guài	12-4
孵	fū	10-4	关门	guān mén	7-3
服	fú	12-2	关切	guānqiè	7-2
服气	fúqì	8-2	关心	guānxīn	15-1
幅	fú	5-1	观察	guānchá	13-2
附近	fùjìn	13-4	官员	guānyuán	8-2
副	fù	1-3	锅	guō	4-4
富有	fùyǒu	4-1	果然	guǒrán	5-4
			过路人	guòlùrén	5-1

G

盖	gài	10-4
干脆	gāncuì	3-4
尴尬	gāngà	15-2
敢	gǎn	3-3
赶	gǎn	7-3
赶(稿子)	gǎn(gǎozi)	4-2
感慨	gǎnkǎi	13-4
干吗	gànmá	13-3
刚才	gāngcái	1-2
稿子	gǎozi	4-2
告辞	gàocí	5-2
鸽子	gēzi	8-4
隔壁	gébì	8-1

H

嗨	hāi	13-2
还是	háishì	8-1
寒冷	hánlěng	3-3
好不容易	hǎobùróngyì	13-1
好在	hǎozài	11-2
好	hào	10-2
好奇	hàoqí	13-2
合适	héshì	13-3
和	hé	12-2
荷包蛋	hébāodàn	5-3
贺喜	hèxǐ	5-4
哼	hēng	6-4

总词汇表

胡同口儿	hútòngkǒur	13-1
胡子	húzi	5-1
糊涂	hútu	15-1
话音刚落	huàyīn gāng luò	11-4
还	huán	7-3
环顾	huángù	10-3
换	huàn	12-1
慌慌张张	huānghuangzhāngzhāng	14-2
恍然大悟	huǎngrándàwù	13-2
浑身无力	húnshēn wúlì	6-4
火儿	huǒr	3-4
火辣辣	huǒlàlà	1-4
火炉	huǒlú	3-3
火冒三丈	huǒmàosānzhàng	15-2

J

几乎	jīhū	3-2
机智	jīzhì	8-2
及格	jí gé	2-2
吉利	jílì	5-4
极力	jílì	13-2
急(1)	jí	3-1
急(2)	jí	9-4
急匆匆	jícōngcōng	7-4
急急忙忙	jíjímángmáng	2-4
急流	jíliú	9-4
急性子	jíxìngzi	3-4
挤(出)	jǐ(chū)	11-4
计较	jìjiào	14-4
记者	jìzhě	8-1
寂寞	jìmò	15-4
加班	jiā bān	11-4
家具	jiājù	8-4
家庭	jiātíng	15-2
家属	jiāshǔ	11-3
价格	jiàgé	1-2
驾(船)	jià(chuán)	9-4
坚持	jiānchí	12-3
肩膀	jiānbǎng	12-1
捡	jiǎn	10-4
减少	jiǎnshǎo	8-4
剪断	jiǎn duàn	14-3
剪子	jiǎnzi	14-2
检查	jiǎnchá	14-2
见怪	jiànguài	6-1
渐渐	jiànjiàn	15-4
箭杆	jiàngǎn	14-3
箭头	jiàntóu	14-3
姜	jiāng	12-3
讲述	jiǎngshù	14-1
奖励	jiǎnglì	2-4
交(朋友)	jiāo(péngyou)	15-4
交通事故	jiāotōng shìgù	2-3
交往	jiāowǎng	14-4
教书先生	jiāoshū xiānsheng	6-4
狡猾	jiǎohuá	6-2
教授	jiàoshòu	11-1
接	jiē	7-1
街心公园	jiēxīn gōngyuán	13-4
结	jiē	12-3
结伴	jiébàn	2-3
解决	jiějué	14-3
解释	jiěshì	6-1
戒指	jièzhi	8-4
借	jiè	7-1
借条	jiètiáo	7-1

189

津津有味	jīnjīn yǒuwèi	10-4
紧接着	jǐnjiēzhe	2-3
劲儿	jìnr	4-4
经过	jīngguò	14-1
惊喜	jīngxǐ	1-4
惊醒	jīngxǐng	8-3
警察	jǐngchá	11-4
警告	jǐnggào	11-4
竟	jìng	3-3
敬佩	jìngpèi	14-4
揪	jiū	10-1
就算	jiùsuàn	10-4
举	jǔ	4-4
具	jù	11-3
绝	jué	7-3
绝对	juéduì	4-4

K

咔嚓	kāchā	14-3
开刀	kāi dāo	14-2
看望	kànwàng	1-3
看中	kànzhòng	7-3
扛	káng	3-4
考虑	kǎolǜ	5-2
靠(1)	kào	8-4
靠(2)	kào	13-1
棵	kē	11-2
可口	kěkǒu	11-2
客气话	kèqihuà	3-2
客厅	kètīng	7-1
课堂	kètáng	2-1
肯	kěn	9-4

肯定	kěndìng	10-3
空手	kōng shǒu	8-3
口授	kǒushòu	11-1
口头语	kǒutóuyǔ	3-2
扣	kòu	2-4
枯死	kūsǐ	12-4
哭丧着脸	kūsàng zhe liǎn	10-1
哭笑不得	kūxiàobudé	11-2
窟窿	kūlong	13-3
苦口婆心	kǔkǒu póxīn	2-2
苦苦	kǔkǔ	15-2
夸	kuā	3-2
挎	kuà	9-3
阔气	kuòqì	8-4

L

拉链儿	lāliànr	14-2
辣椒	làjiāo	1-4
落	luò	7-3
来往	láiwǎng	4-3
拦住	lán zhù	11-1
阑尾炎	lánwěiyán	14-2
懒	lǎn	7-4
狼狈不堪	lángbèi bùkān	1-3
浪漫	làngmàn	1-4
捞	lāo	11-3
老伴儿	lǎobànr	15-4
老公	lǎogōng	10-2
老好人	lǎohǎorén	14-1
老虎	lǎohǔ	10-1
老家	lǎojiā	11-1
老家伙	lǎojiāhuo	11-4

总词汇表

烙	lào	7-4
乐趣	lèqù	1-4
乐意	lèyì	12-4
愣	lèng	11-4
离不开	líbukāi	6-1
礼物	lǐwù	9-1
理发	lǐ fà	1-2
理由	lǐyóu	2-3
历史	lìshǐ	15-2
立	lì	12-1
利用	lìyòng	1-3
连连	liánlián	15-3
连声	liánshēng	5-3
恋爱	liàn'ài	4-3
凉快	liángkuài	1-2
量	liáng	7-3
聊天儿	liáo tiānr	4-1
潦草	liáocǎo	4-2
裂	liè	4-4
邻居	línjū	5-1
吝啬	lìnsè	6-3
灵机一动	língjīyídòng	13-1
流露	liúlù	13-1
流血	liú xiě	13-2
留	liú	6-1
隆重	lóngzhòng	15-1
楼道	lóudào	11-2
漏洞	lòudòng	12-2
露	lòu	14-3
旅客	lǚkè	3-2
乱哄哄	luànhōnghōng	2-1
啰嗦	luōsuō	3-3

M

骂	mà	6-3
埋怨	mányuàn	5-2
瞒	mán	10-3
满脸通红	mǎnliǎn tōnghóng	10-3
满头大汗	mǎntóu dàhàn	2-4
慢条斯理	màntiáosīlǐ	3-3
慢腾腾	màntēngtēng	11-4
慢吞吞	màntūntūn	3-1
慢性子	mànxìngzi	3-3
漫不经心	mànbùjīngxīn	9-2
漫山遍野	mànshān biànyě	12-3
猫	māo	10-3
毛病	máobing	11-4
毛驴	máolǘ	13-1
没好气	méihǎoqì	7-2
猛	měng	1-3
猛然	měngrán	15-2
梦	mèng	2-1
梦想	mèngxiǎng	10-4
迷	mí	8-4
秘书	mìshū	4-2
棉球	miánqiú	14-2
面不改色	miànbùgǎisè	4-4
面对面	miànduìmiàn	12-1
苗条	miáotiao	4-3
命	mìng	6-1
摸	mō	8-3
模范	mófàn	10-2
磨	mó	13-3
莫名其妙	mòmíngqímiào	14-2

191

默写	mòxiě	15-2
木樨	mùxi	15-3
目光	mùguāng	13-3

N

那口子	nèikǒuzi	10-2
纳闷儿	nàmènr	15-3
耐心	nàixīn	14-4
男子汉大丈夫	nánzǐhàn dàzhàngfu	10-1
难道	nándào	15-3
难受	nánshòu	14-2
难为情	nánwéiqíng	2-4
挠	náo	15-4
内科	nèikē	14-3
能说会道	néngshuō huìdào	11-3
嗯	ńg	8-3
腻	nì	11-2
念头	niàntou	15-4
宁可	nìngkě	7-3
弄	nòng	5-4
弄清	nòngqīng	4-3
奴才	núcai	6-3
怒吼	nùhǒu	11-4
怒气冲冲	nùqì chōngchōng	10-1
暖水袋	nuǎnshuǐdài	15-4

P

拍	pāi	2-1
排骨	páigǔ	11-2
牌子	páizi	3-1
盘	pán	12-2
陪	péi	12-1
捧	pěng	8-2
批评	pīpíng	2-1
脾气	píqì	12-1
偏	piān	10-2
篇	piān	1-1
骗	piàn	8-1
漂	piāo	9-4
撇嘴	piě zuǐ	6-3
拼命	pīn mìng	13-1
平时	píngshí	3-1
评	píng	2-2
评断	píngduàn	12-3
评理	píng lǐ	14-1
凭(什么)	píng(shénme)	12-4
颇为神秘	pōwéi shénmì	8-4
破	pò	13-3
扑	pū	1-3
扑灭	pūmiè	3-3
铺	pū	8-3

Q

期末	qīmò	15-2
欺负	qīfu	10-3
其实	qíshí	2-4
奇怪	qíguài	6-1
棋	qí	12-2
起码	qǐmǎ	3-4
起身	qǐ shēn	5-2
起先	qǐxiān	10-4
起疑心	qǐ yíxīn	5-3
气喘吁吁	qìchuǎnxūxū	7-3
气哼哼	qìhēnghēng	7-2

总词汇表

气魄	qìpò	10–1
恰巧	qiàqiǎo	6–3
千万	qiānwàn	3–3
谦虚	qiānxū	3–2
前任	qiánrèn	9–1
前往	qiánwǎng	5–4
前仰后合	qiányǎng hòuhé	13–2
欠	qiàn	5–2
抢	qiǎng	2–3
抢先	qiǎngxiān	2–3
悄悄	qiāoqiāo	6–3
悄悄话	qiāoqiāohuà	1–4
悄声	qiāoshēng	5–3
敲	qiāo	4–4
窍门	qiàomén	8–4
亲戚	qīnqi	11–1
钦佩	qīnpèi	14–4
琴	qín	13–4
勤勤恳恳	qínqínkěnkěn	14–4
情书	qíngshū	4–3
情愿	qíngyuàn	12–3
请教	qǐngjiào	11–3
曲子	qǔzi	13–4
娶	qǔ	10–4
取暖	qǔ nuǎn	3–3
去世	qùshì	15–3
全面	quánmiàn	14–2
劝架	quàn jià	2–3
缺	quē	4–1
缺点	quēdiǎn	14–4

R

让	ràng	12–1
让路	ràng lù	12–1
惹	rě	5–4
热闹	rènao	13–1
人家	rénjiā	8–3
人来人往	rénlái rénwǎng	6–3
人行横道	rénxíng héngdào	11–4
忍	rěn	6–4
忍不住	rěnbuzhù	8–3
认领	rènlǐng	11–3
认真	rènzhēn	7–3
扔	rēng	13–3
日后	rìhòu	5–4
如	rú	12–4
入神	rùshén	6–4

S

撒酒疯	sā jiǔfēng	10–2
塞	sāi	1–2
三步并做两步	sānbùbìngzuòliǎngbù	10–1
丧事	sāngshì	15–3
纱布	shābù	14–3
伤悲	shāngbēi	2–2
伤口	shāngkǒu	10–3
商量	shāngliang	8–1
上钩	shàng gōu	3–4
上任	shàng rèn	9–1
上司	shàngsi	10–3
上瘾	shàng yǐn	10–2
烧	shāo	11–2
少见	shǎojiàn	13–2

193

少壮	shàozhuàng	2-2
舌头	shétou	1-4
谁知	shéizhī	5-4
伸	shēn	7-4
身材	shēncái	4-3
深深地	shēnshēnde	15-3
神色	shénsè	14-4
神仙	shénxian	10-4
升职	shēng zhí	9-3
剩	shèng	12-2
尸首	shīshou	11-3
十全十美	shíquán shíměi	14-4
时光	shíguāng	15-4
时髦	shímáo	8-4
识字	shí zì	7-1
实话	shíhuà	8-4
实话实说	shíhuà shíshuō	10-3
实习	shíxí	1-1
实在	shízài	13-4
士兵	shìbīng	14-3
市场	shìchǎng	7-3
试探	shìtàn	15-4
试验	shìyàn	4-4
手术	shǒushù	14-2
手术台	shǒushùtái	14-2
守	shǒu	15-4
寿	shòu	12-4
受不了	shòubuliǎo	6-4
受到	shòudào	8-2
受贿	shòu huì	9-3
受伤	shòu shāng	13-1
瘦	shòu	13-3

书生	shūshēng	14-1
输	shū	10-2
熟练	shúliàn	14-3
鼠	shǔ	9-2
数码相机	shùmǎ xiàngjī	9-3
数学	shùxué	2-4
摔	shuāi	4-2
帅哥儿	shuàigēr	1-4
水流	shuǐliú	9-4
水泄不通	shuǐxièbùtōng	13-1
睡得正香	shuì de zhèng xiāng	13-3
顺	shùn	9-4
顺便	shùnbiàn	15-2
说法	shuōfa	15-3
思索	sīsuǒ	15-2
四平八稳	sìpíng bāwěn	14-1
四下里	sìxiàli	10-3
四周	sìzhōu	10-3
松柏	sōngbǎi	12-4
送葬	sòngzàng	15-3
嗖	sōu	11-4
搜寻	sōuxún	13-2
诉苦	sù kǔ	10-1
算	suàn	13-4
算了	suànle	12-2
随手	suíshǒu	5-3
损失	sǔnshī	3-3

T

塌	tā	12-4
抬	tái	3-1
抬举	táiju	13-4

总词汇表

摊儿	tānr	5-3
摊贩	tānfàn	12-3
坛子	tánzi	8-3
谈判	tánpàn	11-3
弹(琴)	tán(qín)	13-4
叹气	tàn qì	10-3
探头	tàn tóu	9-4
蹚	tāng	9-4
掏	tāo	2-4
滔滔不绝	tāotāobùjué	14-4
讨价还价	tǎojià huánjià	9-4
套	tào	7-4
特意	tèyì	9-3
疼痛	téngtòng	14-3
誊写	téngxiě	4-2
提	tí	6-2
提高	tígāo	1-2
提醒	tíxǐng	5-3
替	tì	2-4
挑	tiāo	6-1
条子	tiáozi	7-1
调皮	tiáopí	2-1
贴	tiē	3-3
听讲	tīngjiǎng	2-2
挺	tǐng	12-1
通红	tōnghóng	12-3
通知	tōngzhī	9-2
同情	tóngqíng	13-1
痛快	tòngkuài	6-3
偷	tōu	8-3
徒	tú	2-2
土	tǔ	12-3

推	tuī	8-3
脱	tuō	8-3

W

外地	wàidì	3-2
外科	wàikē	14-3
外行	wàiháng	12-3
完全	wánquán	3-1
万分	wànfēn	7-4
望	wàng	13-2
微微一笑	wēiwēiyíxiào	3-1
微笑	wēixiào	6-4
为难	wéinán	6-2
围	wéi	13-4
围观	wéiguān	4-4
委屈	wěiqu	2-3
喂养	wèiyǎng	10-4
温和	wēnhé	14-3
文学家	wénxuéjiā	8-2
文章	wénzhāng	1-1
吻	wěn	1-4
无法	wúfǎ	11-3
无话可说	wúhuàkěshuō	6-4
无奈	wúnài	4-3
误会	wùhuì	5-2
误以为	wùyǐwèi	4-3

X

西红柿	xīhóngshì	15-3
吸引	xīyǐn	1-4
喜庆	xǐqìng	15-3
细声细气	xìshēngxìqì	10-1

195

瞎	xiā	11-4	兴高采烈	xìnggāocǎiliè	10-4
下(1)	xià	10-4	凶	xiōng	1-3
下(2)	xià	12-2	胸脯	xiōngpú	4-4
下辈子	xiàbèizi	6-3	秀才	xiùcai	7-2
下酒菜	xiàjiǔcài	3-4	寻找	xúnzhǎo	13-2
下游	xiàyóu	9-4	训斥	xùnchì	15-2
纤细	xiānxì	4-3			
贤惠	xiánhuì	11-2		Y	
咸	xián	15-3	牙缝	yáfèng	11-4
县	xiàn	9-1	淹死	yānsǐ	11-3
县官	xiànguān	9-1	严肃	yánsù	2-3
限定	xiàndìng	12-4	言过其实	yánguòqíshí	14-4
献	xiàn	9-2	眼花	yǎnhuā	5-1
相见	xiāngjiàn	2-1	眼看	yǎnkàn	9-4
相信	xiāngxìn	7-3	眼珠	yǎnzhū	6-2
想像	xiǎngxiàng	1-4	演戏	yǎn xì	6-4
像样	xiàngyàng	7-2	宴会	yànhuì	8-2
消磨	xiāomó	15-4	宴席	yànxí	9-2
小贩	xiǎofàn	4-4	谚语	yànyǔ	1-3
小老婆	xiǎolǎopo	10-4	央求	yāngqiú	9-4
小气	xiǎoqi	6-4	仰	yǎng	13-2
小心	xiǎoxīn	15-3	痒	yǎng	15-4
孝顺	xiàoshùn	15-1	痒痒挠儿	yǎngyǎngnáor	15-4
肖像	xiàoxiàng	5-1	样	yàng	6-1
鞋商	xiéshāng	7-3	要求	yāoqiú	15-2
谢意	xièyì	9-2	吆喝	yāohe	1-3
心满意足	xīnmǎn yìzú	13-4	腰肢	yāozhī	4-3
辛辛苦苦	xīnxīnkǔkǔ	15-4	摇	yáo	3-2
新鲜	xīnxiān	5-3	摇头晃脑	yáotóu huàngnǎo	6-4
性急	xìngjí	3-3	咬	yǎo	7-4
省悟	xǐngwù	15-2	咬牙	yǎo yá	9-3
兴冲冲	xìngchōngchōng	2-4	药箱	yàoxiāng	14-3

196

总词汇表

要好	yàohǎo	8-4
一无所获	yìwúsuǒhuò	3-4
一辈子	yíbèizi	4-4
一定	yídìng	1-1
一动不动	yídòngbúdòng	7-4
(一)顿	(yí)dùn	10-1
一个劲儿	yígejìnr	14-2
(一)户	(yí)hù	8-3
(一)架	(yí)jià	9-3
一怒之下	yínùzhīxià	4-3
(一)趟	(yí)tàng	8-4
一下子	yíxiàzi	11-4
一再	yízài	9-2
一字一顿	yízì yídùn	12-3
一字一句	yízì yíjù	11-1
(一)笔	(yì)bǐ	6-3
(一)堆	(yì)duī	7-2
(一)番	(yì)fān	9-2
(一)口	(yì)kǒu	4-4
一连	yìlián	12-2
一模一样	yìmú yíyàng	3-1
一旁	yìpáng	14-1
一声不吭	yìshēngbùkēng	6-2
(一)首	(yì)shǒu	13-4
(一)坛	(yì)tán	8-3
一同	yì tóng	5-4
一言不发	yìyánbùfā	5-4
一直	yìzhí	1-2
衣角	yījiǎo	3-3
医治	yīzhì	14-3
依我看	yī wǒ kàn	8-2
仪式	yíshì	15-1

疑惑	yíhuò	6-4
以	yǐ	15-1
……以外	...yǐwài	6-4
以为	yǐwéi	13-2
议论	yìlùn	2-1
银子	yínzi	9-4
迎面	yíng miàn	11-1
赢	yíng	10-2
应聘人	yìngpìnrén	14-4
用人	yòngren	6-2
拥挤	yōngjǐ	13-2
用不着	yòngbuzháo	12-3
用功	yònggōng	2-1
优惠	yōuhuì	9-3
悠然自得	yōurán zìdé	13-4
犹豫	yóuyù	5-1
游动	yóudòng	3-4
有才学	yǒu cáixué	8-2
有出息	yǒu chūxi	8-2
有空儿	yǒu kòngr	9-1
有理	yǒu lǐ	11-3
于是	yúshì	7-1
鱼竿	yúgān	3-4
与	yǔ	7-2
冤枉	yuānwang	9-3
原谅	yuánliàng	11-1
圆满	yuánmǎn	11-3
远近闻名	yuǎnjìn wénmíng	11-3
怨	yuàn	4-3
愿	yuàn	12-4
约定	yuēdìng	5-2
约稿	yuē gǎo	4-2

197

Z

杂志社	zázhìshè	4-2
再婚	zàihūn	15-4
再三	zàisān	7-4
在场	zài chǎng	8-2
葬	zàng	15-1
葬礼	zànglǐ	15-3
糟	zāo	11-2
糟糕	zāogāo	13-4
责备	zébèi	4-2
贼	zéi	8-3
增多	zēngduō	8-4
炸	zhá	5-3
炸	zhà	6-2
摘	zhāi	12-3
窄	zhǎi	12-1
占便宜	zhàn piányi	12-2
战场	zhànchǎng	14-3
张望	zhāngwàng	6-4
掌上明珠	zhǎng shàng míngzhū	7-4
涨	zhàng	12-3
招	zhāo	4-4
招待	zhāodài	6-3
招聘	zhāopìn	14-4
招人讨厌	zhāo rén tǎoyàn	5-4
照	zhào	13-3
照顾	zhàogù	15-1
振振有辞	zhènzhènyǒucí	4-3
争辩	zhēngbiàn	2-1
睁	zhēng	13-3
整天	zhěngtiān	7-2
正好	zhènghǎo	10-1
正经	zhèngjing	8-4
知识	zhīshi	15-2
知音	zhīyīn	13-4
执笔	zhíbǐ	11-1
直奔	zhíbèn	3-4
直接	zhíjiē	15-4
值钱	zhí qián	10-2
职工	zhígōng	9-3
止住	zhǐ zhù	1-3
只	zhǐ	4-1
至少	zhìshǎo	10-4
至于	zhìyú	14-3
质量	zhìliàng	4-4
致富	zhìfù	8-4
智力竞赛	zhìlì jìngsài	8-1
中箭	zhòng jiàn	14-3
周围	zhōuwéi	3-2
皱眉头	zhòu méitóu	13-3
主考人	zhǔkǎorén	14-4
嘱咐	zhǔfù	5-4
祝福	zhùfú	12-4
祝寿	zhù shòu	12-4
铸	zhù	9-2
抓	zhuā	5-3
专	zhuān	6-1
转	zhuǎn	6-2
转身	zhuǎn shēn	1-2
转弯子	zhuàn wānzi	9-3
装模作样	zhuāngmú zuòyàng	7-1
撞	zhuàng	2-3
追女人	zhuī nǔrén	14-4

198

准	zhǔn	6-3	总是	zǒngshì	1-1
捉	zhuō	3-4	足够	zúgòu	7-4
琢磨	zuómo	5-2	嘴唇	zuǐchún	11-4
仔细	zǐxì	7-1	嘴硬	zuǐyìng	12-3
自从	zìcóng	6-4	醉	zuì	10-2
自我陶醉	zìwǒ táozuì	13-4	作家	zuòjiā	4-2
自以为	zì yǐwéi	1-4	作为	zuòwéi	9-2
自愿	zìyuàn	9-2	做客	zuò kè	3-1
总	zǒng	4-1	做买卖	zuò mǎimai	5-3

部分练习参考答案

第一课

一、课文阅读与理解：

阅读1

（一）A.√ B.× C.√ D.√ （二）C

阅读2

（一）A.× B.√ C.× D.× （二）D （三）B

阅读3

（一）A.√ B.√ C.× D.× （二）C （三）C

阅读4

（一）A.√ B.× C.× D.× （二）B （三）C （四）C

二、词语训练：

（一）

量词	篇	条	块	副
动词	瞪	凑	蹲	塞
助词	过	着	的	地

（三）1.浪漫 2.提高 3.吸引 4.吃惊 5.不好意思 6.吆喝 7.想像 8.乐趣 9.安排 10.利用

（四）1.帮助 2.帮忙 3.帮助 4.帮忙 5.参观 6.参加 7.参加 8.参观 9.兴趣 10.乐趣 11.乐趣 12.兴趣 13.理解 14.了解 15.了解 16.理解

（五）1.老师让每个留学生写一篇五百字的实习报告。

2.她最喜欢一个人到外地去旅行。

3.她希望这浪漫的菜名能给自己带来惊喜。

4.他好不容易才找到朋友住的院子。（朋友好不容易才找到他住的院子。）

5.汤姆很想了解中国农民的生活。

6.我每次来理发都是一块五。

三、阅读知识及练习：

（二）1.柚 2.油 3.笛 4.砂 5.炒 6.钞 7.霉 8.梅
9.海 10.破 11.波 12.坡 13.蚓 14.茴 15.鲷 16.蜡
17.鹊 18.猎

第二课

一、课文阅读与理解：

阅读1

（一）C （二）B

阅读2

（一）A.√ B.√ C.× D.√ （二）C （三）B

阅读3

（一）A.× B.√ C.× D.× （二）D （三）C

阅读4

（一）D （二）C

二、词语训练：

（一）

形容词	调皮	委屈	严肃	难为情
动　词	辩解	批评	耽误	奖励

（三）1.理由 2.委屈 3.评 4.实在 5.赶紧 6.争辩
7.苦口婆心 8.耽误

（四）1.差 2.严肃 3.理由 4.议论 5.用心 6.合格 7.其实

（五）1.一位学生在老师读课文的时候睡着了。

2.我也想在梦里和孔夫子见见面。

3.你哥哥每年都被班里评为三好学生。

4.你爸爸有什么急事找你？

5.你怎么还好意思要六十块钱？

6.我看见邻居的两个孩子在打架。

三、阅读知识及练习：

（二）1.请 2.情 3.睛 4.跳 5.逃 6.挑 7.胖 8.伴 9.拌 10.姑 11.苦
12.咕咕 13.仲 14.肿 15.忠

第三课

一、课文阅读与理解：

阅读1

(一) B (二) C (三) C

阅读2

(一) A.√ B.× C.× D.× (二) C (三) B

阅读3

(一) A.× B.√ C.× D.× (二) A (三) C

阅读4

(一) A.× B.× C.× D.√ E.√ (二) B (四) D

二、词语训练：

(一) 1.被 2.让 3.把 4.跟 5.比 6.为 7.对

(三) 1.周围 2.寒冷 3.干脆 4.啰嗦 5.损失 6.抱怨

7.耐心 8.开玩笑

(四) 1.慢条斯理 2.风吹草动 3.一无所获

4.喜出望外 5.垂头丧气 6.大吃一惊

(五) 1.平常 2.平时 3.平时 4.平常 5.虚心 6.谦虚 7.谦虚

8.虚心 9.几乎 10.差点儿 11.几乎 12.差点儿 13.万万

14.千万 15.万万/千万 16.千万

三、阅读知识及练习：

(二) 1.费 2.痱 3.盛 4.艘 5.轨 6.粉 7.馋

8.稼 9样 10.袖 11.绸 12.寓

第四课

一、课文阅读与理解：

阅读1

(一) A.× B.√ C.× D.√ (二) B (三) C (四) B

阅读2

(一) B (二) B (三) B

阅读3

(一) B (二) A.× B.√ C.× D.× (三) B

阅读4

部分练习参考答案

（一）A.√ B.× C.× D.×　（二）C　（三）A

二、词语训练：

（一）1.到　2.住　3.上　4.见　5.好　6.在　7.开

（三）

动　词	誊写	责备	讽刺	断绝	试验
形容词	富有	潦草	无奈	苗条	纤细

（四）1.要求　2.请求　3.要求　4.断绝　5.隔绝　6.断绝　7.隔绝
　　　8.结实　9.牢固　10.结实　11.牢固　12.实验　13.试验

（五）1.D　2.D　3.C　4.B　5.A

第五课

一、课文阅读与理解：

阅读1

（一）A　（二）A　（三）B

阅读2

（一）A.× B.√ C.√ D.×　（二）C

阅读3

（一）B　（二）A.× B.× C.× D.×　（三）B

阅读4

（一）A.√ B.× C.× D.×　（二）A　（三）C　（四）D

二、词语训练：

（一）1.幅　2.句　3.篇　4.条　5.副　6.双　7.只、只　8.口
　　　9.家　10.封

（三）1.埋怨　2.吉利　3.前往　4.误会　5.考虑　6.得罪　7.琢磨
　　　8.当面

（四）1.随手　2.随便　3.随便　4.随手　5.告辞　6.告别
　　　7.告别　8.告辞　9.表示　10.表白　11.表白　12.表示
　　　13.提醒　14.提示　15.提醒　16.提示

（五）1.过　2.了　3.了　4.得　5.了　6.了　7.了　8.的　9.得
　　　10.了　11.着　12.的　13.了　14.的　15.着　16.的　17.着　18.地
　　　19.了　20.着

第六课

一、课文阅读与理解：

阅读1

（一）D （二）B （三）B

阅读2

（一）D （二）A

阅读3

（一）A.× B.× C.√ D.× （二）B

阅读4

（一）D （二）A.× B.√ C.× D.× （三）D

二、词语训练：

（二）1.一直 2.一同 3.一定 4.一般 5.一共
6.一直 7.一般 8.一共 9.一同 10.一定

（三）1.离不开 2.给我出难题 3.一声不吭 4.受不了
5.听得入神 6.气炸了肺 7.吝啬 8.抱歉

（四）1.招待 2.接待 3.招待 4.接待 5.正好 6.恰巧 7.正好
8.恰巧 9.另外 10.另 11.另外 12.另外 13.另

（五）1.①C ②B ③A 2.①D ②C ③A ④B
3.①A ②D ③C ④B 4.①D ②C ③B ④A

第七课

一、课文阅读与理解：

阅读1

（一）A

阅读2

（一）A （二）B

阅读3

（一）A.× B.× C.√ D.× （二）A

阅读4

（一）B （二）D

二、词语训练：

（一）1.liáng 2.liàng 3.liàng 4.kān 5.kàn 6.kàn

7.dào   8.dǎo   9.dǎo   10.huán   11.hái   12.huán

(二) 1.挨   2.赶   3.接   4.咬   5.借   6.伸

(三)

动　词	相信	当做	嘱咐	足够
形容词	仔细	关切		
副　词	倒是	再三	万分	

(五) 1.万分   2.十分   3.关切   4.关心   5.费力   6.费劲

第八课

一、课文阅读与理解：

阅读1

(一) D   (三) B

阅读2

(一) D   (二) D   (三) D

阅读3

(一) A.×   B.×   C.√   D.×   (二) B

阅读4

(一) A.√   B.√   C.×   D.√   (二) B

二、词语训练：

(二) 1.chòng   2.chōng   3.xiāng   4.xiàng   5.pū   6.pù

(三) 1.吝啬   2.阔气   3.时髦   4.正经   5.机智   6.狡猾   7.奇怪

(四) 1.骗   2.捧   3.偷   4.脱   5.推   6.铺

(五) 怀疑(相信) 愚蠢(机智) 贫穷(阔气)
　　 增多(减少) 假话(实话) 开口(闭口)

三、阅读知识及练习：

(二) 1.油腻腻   2.黄澄澄   3.冷冰冰   4.暖烘烘   5.矮墩墩
　　 6.乱糟糟   7.短撅撅   8.空荡荡   9.沉甸甸   10.软绵绵

第九课

一、课文阅读与理解：

阅读1

(一) A.× B.× C.× D.√ (二) D

阅读2

(一) A.√ B.× C.√ D.√ (二) C

阅读3

(一) C (二) D

阅读4

(一) C (二) C (三) C

二、词语训练：

(一) 1.访问 2.特意 3.经常 4.通知 5.一番 6.谢意 7.缺点、错误

(二) 1.到 2.在(到) 3.去 4.住 5.好、上 6.倒

(三) 1.回来 2.过去 3.进……去 4.回去 5.出来 6.上去、下来 7.起来

(四) 离任(上任)　　外地(本地)　　后任(前任)　　行贿(受贿)

降职(升职)　　正确(错误)　　私事(公事)　　上游(下游)

(五) 1.随随便便,不放在心上。(漫不经心)

2.把大家的事和自己的事分开,不能混在一起。(公事公办)

3.比喻接受任务或进行谈判时提出种种条件,斤斤计较。(讨价还价)

4.比喻说话不直截了当;不直爽。(转弯子)

5.指某一地区的所有家庭。(各家各户)

6.(使人)受到不公平的对待。(冤枉)

第十课

一、课文阅读与理解：

阅读1

(一) A.√ B.× C.√ D.× (二) C

阅读2

(二) A (三) D

阅读3

(一) A.√ B.× C.√ D.× (二) C (三) D (四) D

阅读4

(一) A.√ B.√ C.× D.× (二) D

二、词语训练：

(一) 1.肯 2.会 3.愿意 4.敢

部分练习参考答案

5.得　6.能　7.想　8.可以

(二) 1.梦想　2.兴高采烈　3.笨　4.模范　5.好(hǎo)

6.三步并做两步　7.男子汉大丈夫　8.别扭

(五) 1.捡一个鸡蛋能发什么财?

2.拿出点儿男子汉大丈夫的气魄来!

3.现在的女人真不像话!

4.那可真是神仙过的日子啊!

5.你们说我该怎么办好?

6.不会喝酒他却偏要喝!

第十一课

一、课文阅读与理解：

阅读1

(一) D　(二) C

阅读2

(二) A　(三) B

阅读3

(一) B　(二) C

阅读4

(一) C　(二) B　(三) C

二、词语训练：

(一) 1.过　2.得　3.过　4.着　5.的、的

6.得　7.了、的、得　8.地　9.了

(二) 1.遍　2.顿　3.番、次　4.口　5.声　6.趟

(三) 1.哭笑不得　2.好在　3.……好了　4.匆忙

5.一下子　6.请教　7.沉不住气

(四) 1.警告　2.提醒　3.请教　4.问

5.原谅　6.对不起　7.答复　8.回答

三、阅读知识及练习：

(一) 公厕　股市　建行　中科院　全国统考

外币　业大　女排　全运会　北外

四化

（二）师范大学　科学技术　身体检查　高等学校　入学考试　国际贸易大厦　海外归来　香港货币　消费者协会　职业高中　中国足球协会

第十二课

一、课文阅读与理解：

阅读1

（一）C　（二）D

阅读2

（一）C

阅读3

（一）C　（二）B

阅读4

（一）A.√　B.√　C.×　D.√

二、词语训练：

（一）1.大意　2.打赌　3.乐意　4.暗地里

　　　5.占便宜　6.算了　7.凭什么　8.祝寿

（二）1.可是、却　2.不管　3.而且　4.要是

　　　5.结果　6.宁可　7.除非　8.于是

（四）1.(1)A (2)B (3)C　　2.(1)B (2)A (3)C

　　　3.(1)C (2)A (3)B　　4.(1)C (2)B (3)A

（五）

　　妈妈教育自己的儿子："你看看隔壁的小红，学习多努力！这次英语考试，考了95分！你为什么就不能向人家学习学习呢？"儿子不服气地说："这有什么？我这次考试比她还多一点呢。"妈妈大吃一惊："怎么？你考了96分？"儿子不好意思地说："不是96分，是9.6分。"

第十三课

一、课文阅读与理解：

阅读1

（一）A.√　B.×　C.×　D.×　（二）C　（三）D

阅读2

（一）B　（二）B

部分练习参考答案

阅读3

(一) C

阅读4

(一) A.× B.√ C.× D.× (二) C

二、词语训练：

(四) 1.寻找 2.抬举 3.反问 4.发觉 5.观察 6.同情 7.流露

(五) 1.拼命 2.极力 3.适合 4.合适 5.拉、弹

6.周围 7.附近 8.夸 9.抬举

第十四课

一、课文阅读与理解：

阅读1

(一) C (二) B

阅读2

(一) A.√ B.√ C.× D.√ (二) C

阅读3

(一) B (三) B

阅读4

(一) A.× B.√ C.× D.√ (二) A

二、词语训练：

(一) 1.勤勤恳恳 2.彬彬有礼 3.十全十美 4.四平八稳

5.莫名其妙 6.言过其实 7.滔滔不绝

(二) 1.再做一个小手术就可以把剪子取出来。

2.大夫用剪子把露在伤口外面的箭杆剪断。

3.李大嫂把事情的经过讲述了一遍。

4.我把我的事情已经做完了。

5.大夫用纱布把伤口包好。

6.他把自己的情况向主考人做了介绍。

(四) 1.温和 2.计较 3.难受 4.全面 5.敬佩 6.解决 7.讲述

三、阅读知识及练习：

(一) 1.(牡丹)象征富贵、荣华和幸福。

2.(竹子)象征谦虚。

3.(松树)象征刚正不阿的英雄气概。

4.(松树)和(桃子)象征长寿。

5.(莲花)出淤泥而不染。

6.(梅)、(兰)、(菊)、(竹)被人们誉为花木中的"四君子"。

第十五课

一、课文阅读与理解：

阅读1

(一) A.√　B.√　C.×　D.√　(二) B

阅读2

(一) A.√　B.×　C.√　D.×　(二) C

阅读3

(一) A.√　B.×　C.×　D.√

阅读4

(一) A.√　B.×　C.√　D.√　(二) B　(三) A

二、词语训练：

(一) 1.渐渐　2.到底　3.苦苦　4.顺便　5.猛然　6.连连　7.难道

(二) 打算(念头)　关切(关心)　不但(不光)　思考(思索)

突然(猛然)　逝世(去世)　表现(表示)　时间(时光)